JN146936

困ったらここへおいでよ。

日常生活支援
サポートハウスの奇跡

林 真末

東京シューレ出版
Tokyo Shure Publishing

究極の家族支援、見つけた！

困ったらここへおいでよ

「今までぶつかってきたすべての壁を取っ払った支援がほしかったんだけど、ないからさ、そんなら自分で作っちゃえって……」

山本実千代さん、通称「おばちゃん」は、開設のきっかけをそう語る。

困ったらここに来ればいい。面倒な手続きは何もいらない。

石川県金沢市にある民間施設・日常生活支援サポートハウス（通称・サポハ）は、築70年は経とうかという古くて狭い小さな民家。代表の山本さんの自宅でもある。

「困っている人間がさ、役所に行ってたくさん書類書いて、そんな手続きしている余裕があると思う？　だから、サポハは手続き何もナシ！　ただ来ればいいの」

ただ来て1食500円・1泊3000円・1か月6万円のいずれかの費用を払えばいい。

「それで、うちでゆっくり話を聞いて、必要な支援につなげるわけよ。公共のサービスには細かい分類があるから、手続きしようとしても、どうすればいいかわからない人が多いからね」

山本さんは57歳、明るい茶髪のショートヘアと、派手な柄のTシャツにダメージジーンズが定番。そしてその内面には、外見からは想像できない繊細なやさしさと、修羅場をくぐりぬけた人ならではのくじけない強さを併せ持つ。

ここに集う人はみんな、そんな彼女のことを親しみをこめて「おばちゃん」と呼ぶ。

大阪出身のおばちゃんが、古都・金沢の片隅で家族を支援している理由は単純だ。

若い頃、離婚して幼児を抱えこの街に来た。縁もゆかりもない土地で、障害児だったその子を育てて苦労をしたから、困っている人を見ると放っておけない。

「行き場のない人を見ると、昔の自分とかぶるのよ。困っているのにどっこも助けてくれない……。世の中は昔も今もなんっにも変わっていない。無情だ。こんな世の中じゃ、弱いものたちは救われん。そう思ったらさ、『こういう人たちを救う場所がいるんだ、必要なんだ』って、いてもたってもいられなくなって」

そんな思いで、2002年12月にサポハは誕生した。

ちょっとした困りごとでも、重大な人生のピンチでも、いつでもなんでも、サポハは引き受ける。

たとえば急に子どもを預けたいとき、健常児でも障害児でも病児でも、サポハなら書類などの手続きなしにすぐに頼める。託児の費用は1日昼食付きで1500円。事前の登録の必要も、何時から何時までという時間の区切りも、予約は何日前までという規定もない。

　子どもを育てたことのある人なら、この条件がどんなにありがたいかわかるだろう。

　しかもおばちゃんは、親に遠慮せずどの子にも「いけないことはいけない」と叱り飛ばす。預かるだけでなく、一緒に子育てもしてくれるのだ。

　事情を抱えた家族や子どもが来たら、そのまま、ともに暮らす。ともに暮らしながら、必要な支援を探ると同時に、社会的ルール、礼儀作法、助け合い、そして人としての思いやりなど、生きていく術を彼らに丁寧に伝えていく。

　だから名称が、日常生活支援サポートハウスなのだ。

「その子（人）を感じながら一緒に暮らしていると、いい方にいくにはどうすればいいかが少しずつ見えてくるから、それをやってみる。ただ、そのくり返しよ。専門家の理論や教科書に出て来る技法じゃないよ。受容とか傾聴とかそんなこと言ってられん。腹が立つときはホントに腹が立つしね。がむしゃらにやるだけ。理屈なんか通用しない。ビジネスじゃやれないよ」

　サポハに来る大人や子どもの状況は一人ひとり違う。しかもそれぞれが複数の問題を抱えてやってくる。

「だから、私がこの子（人）に何ができるんだろうって、必死で考えてやるだけ。まあ、向こうはそれをどこまで感じてくれているのかわからないけどね。サポハをやっている限り、永遠に私の子育ては終わらない」

まずは一緒にご飯を食べて。話はそれから

おばちゃんは、どんなケースでも絶対に断らない。

「ここに来るっていうのは最終手段、ここは最後の砦なんよ。役場でも学校でも病院でもどこでも、どうにもならなくなってここへ来るわけだから、私が断ったら行くとこないんだもん。それをわかっているから、私は断れん。丸ごと抱えるしかない」

プライベートをすべて犠牲にして、彼女は支援を引き受ける。

「まあ、まずは一緒にご飯を食べてね、ゆっくり休んで。話はそれからよ」

初めての人も何度も来た人もみんな同じ。おばちゃんの手料理をそのときサポハにいる仲間と一緒に食べて、傷ついた心が和らいだところで、そろそろと相談が始まる。相談に来るどの人に対しても、彼女はやさしくねぎらう。

「苦しかったでしょう」

「もうひとりじゃないよ」

するとみんな、その言葉を聞いてわっと泣き出し、話しているうちに、憑《つ》きものが落ちたように、こわばった顔がその人本来の顔になっていく。

相談にのるときは、ただアドバイスするだけではなく、その人の代わりにいろいろな支援機関に問い合わせたり、実際に行ったり、手続きの書類を代筆したり、なんだってやる。やりながら、生活そのものをともに紡いでいく。

「まあ、最初の頃は手さぐりだったから大変だったけど、今ではね、どこの誰に何を頼んだらどうしてくれるっていうのがわかっているからラクよ。サポハを始めた頃はその人しか見えていなかった。やっているうちに、本人だけ見ていてもダメなんだな、周りを見なくちゃ、その人の家族や、その人の暮らしているコミュニティ全体を見なくちゃダメなんだなってことがわかってきて、今では、自分でもうまく説明できないけれど、どうやったらその人にベストなことをしてあげられるかっていう、支援的な勘が自然と働くようになったよ」

サポハを始めて十数年。今は、その勘に従って、活動を通じてつながりのできた支援者や行政関係者とネットワークを組めば、たいていなんとかなるという。

「それはサポハを長く続けてきた財産」とおばちゃんは言う。しかし、それだけ親身に相談にのって当事者や支援者と一緒に動いても、サポハに相談料の設定はない。

日常生活支援サポートハウスの本を作りたい！

おばちゃんと私が出会ったのは2004年、ある子育て支援のイベントだった。そこでサポハの驚きの実践を知りすぐに大ファンになった私は、それから何度となく東京からこの金沢の小さな古い家に通い詰めた。私はまだ小学校教師ではなく、カナダ、アメリカで成立したばかりの「家族支援」を、日本に輸入すべく孤軍奮闘していた頃のこと。「子育て支援」という言葉さえなかった1990年代前半。私は、子育ての責を母親ひとりに負わせる世の中の空気や、大学の先生、保育士などによる子育て指導にほとほと嫌気がさし、3人の乳幼児を育てながら、独自に親支援の方法を探るうち、出会ったのが「家族支援」だった。

日本では「子育て支援」というが、英語では同様の活動を「Family Supports（家族支援）」と表現する。家族支援は、親に内在する力を信じ、その力を最大限発揮できるよう支援する。それは、子育てを支援することにとどまらない。家族が直面するすべての困難に対して、地域リソース（すでにそこにある人、もの、場所など）を最大限活かして、あらゆる支援を試みる。乳幼児の親、障害児の親などに分類せず、一つひとつの家族に必要な支援を必要なだけ提供する。そこには就労支援、家探し、貧困対策、薬物依存からの脱出援助さえ含まれる。また、支援者の資格や学歴は問わない。効果的な支援ができる能力さえあれば、それが評価される。

これこそ私が理想とする支援のかたちだった。しかし、家族支援の集大成である「家族支援学」を学べる場所は日本にはない。私は、カナダ国内向けにインターネット通信教育を提供しているライアソン大学に頼み込み、3年かけて外国人として初めて家族支援職課程を修了した。その後すぐ、2003年に日本初のファミリーライフエデュケーター（カナダ・アメリカ発祥の家族支援職）として起業、家族支援の理論と実践を、日本の子育て支援者や行政関係者に伝える仕事を展開した。

しかしそれは、子育てをしながらのささやかな実践で、実際には、わずかな理解者を頼りに、大きな巌《いわお》を小さなつるはしでコンコンと叩き続けるようなものだった。理論で説明しても、外国の実践例を紹介しても、今まで日本になかった「家族支援」の考え方を人々に伝えることはむずかしかった。

そんなとき出会ったのが、おばちゃんこと山本さんだった。日常生活支援サポートハウスのありようは、家族支援そのものだった。自宅を開放し、私生活をなげうって、彼女は、ひとりコツコツとそれを成し遂げていたのだ。

理想として描いていたものが目の前にある！

私は感動して何度も「サポハのやっていることは家族支援の理論通り」と伝えるのだけれど、彼女はいまだに「むずかしいことはわからん。理論なんかどーでもいい！」とちっとも取り合ってくれない。

「それより、とりあえずご飯を食べよう」

といつものセリフで返される。

「いつか、サポハの本を作るよ！」

出会って間もない頃、私はおばちゃんに約束した。家族支援の理想であるという以前に、この貴重な実践は、誰かが書き残さなくてはいけない。そう強く感じたからだ。だがその後、家族支援の仕事に加え、小学校教師の職も得て多忙を極めたことも

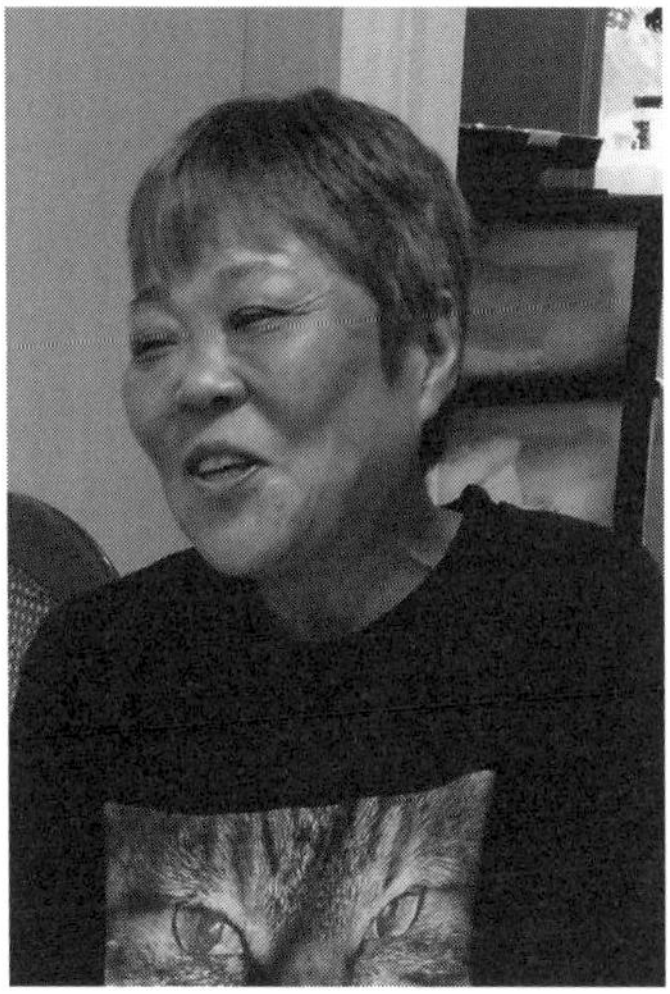

山本さん近影

あって、かたちになるまで十数年がかかってしまった。

私がやっと重い腰を上げたことを伝えると、おばちゃんは「とうとう書いてくれるんだ。ありがとう、待ってたよ」とやさしく笑った。

２０１６年夏、厚生労働省は「我が事・丸ごと」を、これからの地域福祉の合言葉に定めた。「我が事・丸ごと」とは、誰もが、他人事、地域の問題を「我が事」ととらえて助け合い、介護、子育て、障害、病気、就労、孤立などの課題「丸ごと」、個人ではなく家族「丸ごと」支援していこうという国の方針を体現した言葉だ。そこには、これまで支援が届きにくかった、問題を重複して抱えている人たちや公的支援の隙間に漏れてしまう人たちに充分な支援を届けようという意図がある。

サポハは、２００２年から一貫して、「我が事・丸ごと」の支援しかしていない。国の方針も制度も援助もまったくない中で、おばちゃんは想いだけでそれを実現してきた。けれど彼女は今、「ほらごらん」と胸を張るわけでも、「遅い」と嘲笑うわけでもなく、「制度っていうものは、いっつも後から出来あがるもんなんだわ」と、あっけらかんと言い放つ。

世間には、「我が事・丸ごと」は理想だが、しょせん机上の空論ではないかという評論や、国がすべきことを地域に押し付けているだけではないかという批判もある。もちろん、少子高齢化が進むなか、高齢者の孤立や児童虐待などの社会問題が後を絶たない現状を考えると、公的支援の充実は強く求められる。何しろ国内総生産に対する日本の家族関係社会支出比はおよそ1%。なんとヨーロッパ各国の約3分の1程度なのだから。

しかし、公的支援だけで、人の困りごとを網羅しきれるだろうか。かつての日本が豊かに持っていた「ご近所」や「親類縁者」といった、目に見えない日常的な助け合いも、大切に繕《つくろ》い守っていくべきではないか。家族支援の鉄則「地域リソースを活かして」に則《のっと》って言えば、この「助け合い精神」こそ日本の持っている大切なリソースだ。

おばちゃんの実践は、「助け合い精神」の究極のかたちだ。

彼女と同じようには、なかなかできるものではない。

けれど、今の時代だからこそ、おばちゃんこと山本実千代さんの実践を、日常生活支援サポートハウスのありようを知ることは、多くの人にとって示唆に富むものだと思う。

とくに、今「なにかしたい」と心密かに想っている人に知ってほしい。

資格がなくても、制度がなくても、家族支援はできるのだ。

第1章 サポートハウスの娘たち

成人式のリカとおばちゃん

アリサ

命がけの救出

おばちゃんがアリサと出会ったのは２００２年。サポハが立ち上がる少し前のことだ。

「あの子は、私らが見つけたときには、行くところも食べるものもない状態だったからね」

高校卒業と同時に、児童養護施設から美容院に住み込みで就職したアリサは、仕事になじめず、ほどなくそこを辞めて知り合いの家を転々と泊まり歩く生活を始めた。けれど次第に行くところもお金もなくなり、とうとう暴力団が、夜の歓楽街で働かせる女の子たちを住まわせているアパートで暮らすように。

「もうホント、とんでもない経験をしてきたからね、私は」

アリサは、ことあるごとに自分の過去をそう表現する。

ある日、そんな暮らしから抜け出そうと思い立った彼女は、アパートを出て金沢市街をさまよい歩き、偶然おばちゃんのマンションの下にたどり着く。

「ここ、見たことある！」

アリサは、おばちゃんの息子マサハルと同じ施設にいたので、何度か遊びに来たことがあったのだ。彼女は、昔の記憶を頼りにおばちゃんの部屋を探し当て、玄関のブザーを押した。

おばちゃんがドアを開くと、そこには、歩き疲れおなかをすかせたアリサの姿が。

「驚いたよ。どうしたんだろうと思って。まあ、でもとりあえず、部屋に入れてご飯を食べさせて」

おばちゃんは本格的に支援活動を始める前だったけれど、住所不定・所持金ゼロのアリサを放っておくわけにはいかない。

「聞いたら、なんだか物騒なところにいて、そこにまだ荷物があるって言うんだもん。しゃーない。おっちゃんとふたりでそこに荷物を取りに行って。命がけだよ。事前に警察にも連絡して、覚悟を決めて行ったんだから」

　おっちゃんというのは、おばちゃんのパートナーの岸本憲一さんのことだ。籍は入っていないものの、もう長年一緒に暮らしている。

　ふたりは、ただの知り合いの子のために、危険を冒すことを厭《いと》わなかった。その勇気に

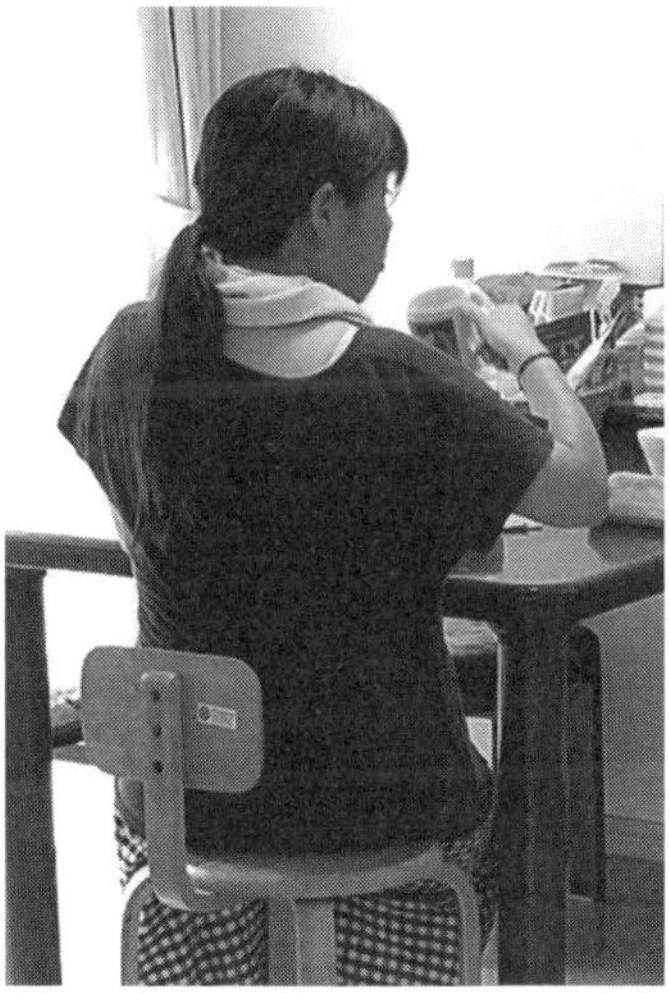

アリサ

驚くが、「とにかく、なんとかなってよかったよ」と、おばちゃんはたいしたことじゃないという顔でふり返る。

救ったはいいが、さて、これからどうするか。

アリサに両親はいない。けれど金沢に3人の姉妹がいる。姉妹がいるのに、このままおばちゃんのところにいるのもおかしな話だ。

「だから、アリサの姉ちゃんや妹を呼んで、みんなで話し合ったんだけどね」

すでに結婚していて子育て真っ最中の長姉は、とてもアリサを引き取る余裕はない。児童養護施設から就職したばかりで、職場の寮住まいのほかの姉妹たちだってそれは同じだ。

「それどころか、アリサは住所も保険証もないからさ、その手続きがいるのに、手続きするのも、費用を出すのも、姉妹は無理だって言うんだもの」

結局、なにもかもすべておばちゃんが引き受けた。アリサの書類上の現住所を探し当て、おばちゃんの住所に変更し、そこを基に住民票を作り、国民健康保険加入の手続きをし、という一連の作業を、おばちゃんが介護の仕事の合間にすべて行い、費用も支払った。その後も、おばちゃんはアリサの衣食住を引き受け続ける。毎月の国民保険料もおばちゃんの負担だ。

「だって、しょうがないでしょう。放り出すわけにいかないもん。私が手を離してしまったら終わり。なにがあってもそれはしちゃいかんと思ってさ」

それだけではない。おばちゃんは、アリサの乱れた日常生活を立て直し、箸の使い方、食事の礼儀作法、料理、掃除、立ち居振る舞い、そういう日々の暮らし方を彼女に丁寧に教えていった。


「私、なんで生まれてきたんやろう」


アリサの半生は、ずっといじめと隣り合わせだった。

小学校4年のときに両親を亡くし、ほかの姉妹とともに児童養護施設に引き取られ、それに伴い転校。親を亡くした傷も癒《い》えないまま行った先の学校で、アリサは壮絶ないじめを受けた。

子どもは、ときに残酷だ。クラスメートたちは、親を亡くしたばかりのアリサを、容赦なくいじめの対象にした。

「ノートに『死ね』『帰れ』『オマエなんていない方がいい』って書かれたり、椅子に画びょうを置かれたり、給食に虫を入れられたり」

小学校時代を通じて、聞くだけで胸が苦しくなるような仕打ちを、アリサは受け続けた。

当時の子どもたちも、きっと大人になった今なら自分のしたことの意味がわかるだろう。けれど子どもだった彼らは、自分たちだけではその勢いを止めることができなかった。

「ほかにもいっぱいやられたよ。つらかったけど、しかたない。それも私や」

アリサはそう冷静にふり返るが、どんなにしんどかったことか。

小学校を卒業するときは、卒業するさびしさよりなにより、「これでいじめから解放される」と思ってすごくホッとしたという。けれど、その期待はすぐに打ち砕かれた。中学校でもいじめの延長戦が始まったのだ。

今度は、靴や体操着を隠されたり、クラス全員に無視されたりした。

「もう死んだほうがいい。この世にいないほうがいいよね」

「うちら、なんで生まれてきたんやろう」

同じくいじめられている、ひとつ年下の同じ施設の子と一緒に帰りながら、毎日そう言い合った。

学校になんか行きたくなかった。だが、施設で暮らす身の上では学校を休むわけにはいかない。

「大人には聞かれなかったから言わなかった。言ったら、どうにかなったのかもしれないけど、……聞かれなかったから」

とアリサは言う。

中学生には中学生の世界があり、自分たちから大人に伝えるのはむずかしい。「チクった」と言われて余計にいじめられる恐れもある。

いじめを発見し食い止めるためには、丁寧に見ること、丁寧に聞くことが不可欠とされる。しかし、子ども40人に先生ひとりのクラス編成や、少ないスタッフによる児童養護などの実態を考えると、その余裕がないのが日本の教育や福祉の現状なのかもしれない。

そんな中で、どうにかつらい中学時代を生き抜いたアリサは、高校進学にあたり一計を案じ、ピアスをつけ派手な格好をして通った。こうすればナメられない、いじめられない、と考えたのだ。この作戦、最初は成功したのだが、半年くらい経つと、やはりいじめは起きてしまった。

それでも、アリサは頑張って学校に行き続けた。けれど、女子更衣室でなくなったお金を盗んだとクラスメートに疑われたとき、張りつめていた糸がぷつんと切れ、学校に行くのをやめた。

「あとは、もう、駅まで行ってうろちょろして、時間つぶして。お小遣いが入ったら、カラオケ行って、ゲームセンターへ行って。そればっかり」

かろうじて高校を卒業した後も、仕事をすぐ辞め、ふらふらと知り合いの家を渡り歩いていたアリサ。

そしておばちゃんに出会ったあの日に至るのだが、「本当はずっと、大人にわかってもらいたかった」と彼女は言う。

「いじめられている子も、いじめている子も、ホントは、大人に話を聞いてもらいたいんよ。つっぱっている子も、ホントはわかってもらいたい」

もしかしたら、アリサを救おうとした大人はいたかもしれない。けれど残念ながら、その思いはアリサには届かなかった。

「誰にもわかってもらえない」

絶望を抱えたまま成長したアリサは、気づけば、大人をまったく信用せずに、虚勢を張って生きるようになっていた。

命をかけて救い出し、日々の面倒を見てくれているおばちゃんにさえ、彼女は最初、暴言ばかりを吐いていた。

「うっせーなあ！」「ババア、ウザいんだよ！」「あっちいけ！」と言いたい放題。

けれどそれは「助けて」「愛して」「見捨てないで」という叫びだった。

おばちゃんは、それを知っていた。

だから、ときには温かく見守り、時には「ウザいおばちゃんです」とジョークで切り返し、そしてときには本気でケンカしながら、彼女はアリサを支え続けた。

嘘をつく理由

おっちゃん、おばちゃん、そしておばちゃんの息子マサハルとともに、娘同然に暮らし始めたアリサだったが、その後しばらくして、長姉が「いつまでも、他人である山本さんに世話になっているわけにはいかない」と、無理して引き取っていった。

しかし、その生活は結局、2か月持たなかった。きっかけはアリサの長姉に対する裏切りとも言える行為だった。

長姉は、自分の子育てをしながら、アリサの面倒を一所懸命見ていた。そして、自立させるために彼女を自動車教習所に通わせ、なけなしの生活費から、1回ごとの授業料を持たせて送り出した。ところが、アリサは教習所には行かずに、毎回そのお金で遊びに行ってしまったのだ。それが長姉に知られることとなり、長姉は激怒しアリサを追い出す。行くところがなくなった彼女は、再びおばちゃんのところに舞い戻った。

「しゃーないから、また一緒に暮らしたんよ。ホントに、あの頃のアリサはよく嘘をついていたねー。それも、まことしやかに、まるで本当のことのようにすらすらと嘘をつくのが上手だった」

職探しをしても、その嘘のせいでなかなかうまくいかなかった。とんかつ屋、そば屋など、いろいろな店の面接に連れて行くのに、やっと採用されたと思っても、3か月も4か月も嘘をつき続け、店に行かずに時間をつぶして帰ってくる。アリサは、そんなワザを平気でやってのけた。

「なんでそんなに嘘ばかりつくんだろう」

そんな疑問を絶えず抱えながらアリサと一緒に暮らし、親身に面倒を見ているうちに、おばちゃんはハッと気がついた。

「この子には、知的障害があるのかもしれない」

一見してわからないからずっと見過ごされてきたが、実は、健常の子と同じことを求められると、アリサはつらいのではないか。

日常会話以上の、少し突っ込んだ話や仕事の手順を聞いても、半分程度しか理解できない。書類の内容をしっかり把握することもむずかしい。伝えたいことを順序だてててうまくは話せないし、漢字の読み書きも小学校程度がせいぜい。

ともに暮らしていく中で、おばちゃんはそんなアリサの特性を把握していた。けれど本人は、それが障害とは気づいていない。だから言われたことが、なぜ自分だけできないのかわからない。わからないし説明もできないけれど、絶えず「ちゃんとやる」よう要求される。それで困って、とにかく、その場をごまかすために嘘をつく。アリサは、そんなふうに生きてきたのではないか。

そう考えると、今までのすべてが腑に落ちた。

実はおばちゃん、アリサだけでなく、その子がどういう障害を持っているか、いつも自然にわかるのだという。

「なんかわかるんよ。後で診断名もらって間違っていたことない。なんでかなあ……。私は、ひとりの人間として関わり合いながら見ているからね、理屈じゃないものがそこにはある。見えてきて、感じる。むずかしい学術書などを読まなくてもわかる。身体で感じるのかなぁ」

とにかくアリサには障害が疑われるのだから、なにか支援の手があるはずだ。そう思って行政サービスをいろいろ調べたが、２００２年当時、公的な障害の診断を持たないまま18歳を過ぎたアリサに、あてはまる支援はなかった。

「あの子は自分ひとりで生きて行くことが厳しいのに、何も行政的な支援が得られないなんて……」

まさにアリサは、おばちゃんがよく言う「福祉サービスの狭間にこぼれてしまう人間」だったのだ。

アリサの存在をきっかけのひとつとして、おばちゃんは、日常生活支援サポートハウスを始める決意をし、アリサは、サポハの利用者第1号兼住み込みスタッフとなった。

アリサの鋭さと向き合う

おばちゃんはアリサを、全国のさまざまな講座や子育て支援者向けのイベントに連れて出かけた。子育てひろばのボランティアや美術館での託児補助など、サポハの外に出る機会も積極的に与えた。アリサにいろいろな世界を見せ、いろいろな人に出会わせ、成長してほしいという親心からだった。

また、地域の回覧板で見つけた児童館の掃除の仕事にも行かせた。毎日3時間程度だったから、アリサもなんとか続けることができた。

この仕事を得てやっと、アリサはサポハに月々1万円の食費を入れられるようになった。

「それはよかったんだけど、自分の手元に自由になるお金が入るようになると、フラッと出て行って無断外泊をくり返すようになってね」

本人に聞くと、姉妹の誰かのところに泊まっていることがほとんどなのだが、サポハとしては、突然何も連絡なしにいなくなるから気が気ではない。それで戻ってきたアリサを叱ると、今度はだんだん巧妙な、たちの悪いやり方になっていく。それを諌《いさ》めると、次はサポハやおばちゃんの悪口を周りの誰かれに言いふらす。

「鵜呑《うの》みにした人たちから、アリサがサポハでひどい目にあっていると思われてさ。あのときは、わたしゃ立つ瀬がなかったわ」

詳しい事情を知らずに、かわいそうな様子の話だけを聞いて、その人が全面的に被害者だと信じ切ってしまう。よくあることだ。アリサの話を丸ごと信じた人にとっては、おばちゃんは極悪人でサポハはとんでもないところ。それは口づてに伝わり、ひどいときには真実になってしまう。

だから、事情を知る人たちから、「そんなことを言われてまで、なんで面倒を見るの?」

とずいぶん心配された。それでも、おばちゃんはアリサの人生をあきらめなかった。叱りつけ、怒りつけ、なだめすかし、言い聞かせ……。おばちゃんは、真正面からアリサに向かっていった。

アリサは、ことのほか勘がよかった。鋭さというか、本質的な部分を見抜く眼というか、そんな類の力を備えていた。障害があるがゆえに自分の力の足りない部分をその力で補っているのか。あるいは人が本来持つピュアな部分が残っているのか。

おばちゃんは言う。

「人間も動物。自分の身を守るための自己防衛力が、アリサの場合は、人を見抜く鋭さとして表れているような気がする。だから、あの子の場合は嘘や下手な芝居は通用しない。とにかく、真正面からぶつかっていったよ」

アリサのことをよく理解し、しかも本気でぶつかっていく、そんなおばちゃん流支援が功を奏し、次第にアリサの無断外泊はおさまっていった。

専門家より、親身になってくれる人

無断外泊がおさまるとすぐに、アリサが少しずつまっとうな道を歩けるように、おばちゃんは次の一手を模索した。

まず、障害の程度をはっきりさせようと覚悟を決めた。どちらにしても、いずれは本人に伝えなくてはならないことだ。

おばちゃんは、アリサにはっきりと告げた。

「おまえには、知的障害があるかもしれない」

アリサ21歳の初夏のことだった。

知的障害に対する偏見が根強く残る中で、自分に障害があるかもしれないと宣告されるのは、厳しくつらいことだ。

「それを聞いたときは、パニックになって頭が真っ白になって、何も考えられなかった」

アリサは後にそう語っている。

戸惑うアリサを言い聞かせ、おばちゃんは障害者職業訓練センターで彼女に知的能力検査や職業適性検査を受けさせた。検査では、やはりアリサに軽度の知的障害があることが認められた。それを受けて、おばちゃんは、ゆっくりゆっくり、知的障害があるというのはどういうことなのか、噛んで含めるようにアリサに言い聞かせた。

「あのときのことは今でもよく覚えている。おばちゃんも、私に障害のことを言うのはつらかったと思うよ」

アリサには厳しい現実だったが、障害が認められれば、公的支援が受けられるし、障害者枠で就職もできる。

そして彼女は障害者職業訓練センターに入所し、そこで働き方を学んだ。

「ジョブコーチの人とか、そこで出会った人たちが、真剣に気持ちでぶつかってきてくれたから、自分の実になるものを、あそこでたくさんもらった」とアリサはふり返る。

周りの支えと本人の頑張りで、訓練終了後には清掃会社に障害者雇用枠で就職し、市内の大手ショッピングセンターに派遣されることになった。

おばちゃんの手を焼き続けたアリサが、とうとう、フルタイムの仕事を獲得したのだ。これからは、月6万円のサポハ利用料も満額払える。

何をしても長続きしなかったアリサ。

そのアリサが、職場で周りの人に信頼され毎日真面目に働く日が来るなど、夢にも思わなかった。

「でも、私だけじゃあ、アリサが何年も仕事を続けることなんてできなかったと思う」

と、おばちゃんは言う。

アリサの就職した会社の社員で、職場リーダーのタナカさんという大変面倒見のいい年配の男性が、職場での彼女を支え続けてくれたそうだ。タナカさんは、まるで自分の娘のように親身になって、アリサの相談にのってくれた。おばちゃんも、タナカさんから見たアリサの様子や意見を聞き、彼女に対する理解が深まっていった。

ふたりは、アリサをどう支えていくか絶えず情報交換し、何度も話し合った。サポハではおばちゃんに支えられ、職場ではタナカさんに迎えられ、24時間安心できる日々を過ごすことができたからだろうか。仕事を始めて3年が過ぎるころには、今までのアリサが嘘のように変わっていった。

その変化は、おばちゃんも驚くほどだった。

「サポハを出てひとり暮らしをする。そのためにお金を貯める」

アリサはそう宣言し、その目標に向かって今まで以上に真面目に仕事をするようになった。そしてコツコツと40万円を貯め、サポハから徒歩5分のところにアパートを借りた。保証人はおばちゃんとおっちゃん。

「おばちゃん、おっちゃんへの気持ちは、ありがとうじゃない。そんな、言葉では表せないくらいのものを私はもらった。サポハでの6年間は、なににも代えられない、お金では買えない私の大切な宝物」

最後のあいさつで、アリサはそう言ってサポートハウスを卒業していった。

とはいえ、「跡継ぎ」を自認する彼女は、その後も頻繁に実家とも言えるサポハの夕飯に顔を出した。サポハで英気を養って仕事に通い続け、アリサは、おばちゃんと出会ってちょうど10年目の2012年に、勤続7年という実績で、「独立行政法人高齢障害求職者雇用支援機構」から表彰もされた。

「いやあ、サポハの支援だけじゃあ、そこまでにならなかったと思う。とにかく、タナカさんがいてくれたのが大きいよ」

おばちゃんは言う。

「一人ひとりの顔が違うように、知的障害も一人ひとり違う。その人の成育歴、家庭環境、性格、出会った人、体験などが大きく影響する。それらが複雑に絡み合って、その人の個性になる。その中でも一番大切なのは人。おぎゃあーと生まれたそのときから、どんな人に出会えるか。どれだけたくさんの人に出会えるか。人間はひとりでは生きられない。人の中で育ち、人に栄養分をたくさんもらいながら成長していく。それが生きる力となって、前を向いて歩いて行けるのだと思う」

アリサは、人に恵まれたのだ。

おばちゃんも、タナカさんも、専門的な資格は持っていないが、ふたりはアリサにとってつもなく大きな影響を与え、アリサを立ち直らせた。

けれどおばちゃんはともかく、タナカさんには、自分が知的障害者支援をしたという自覚はない。ただ、助けたい相手が目の前にいて、自分のできることをしただけ。いや、そんなふうにさえ思わず、ただ自分らしく普通に生きて、そばにアリサがいただけかもしれない。

アリサの結婚

「せっかくタナカさんという頼れる上司に恵まれ、仕事の手順も覚え、ひとり暮らしにも慣れ、とても頑張っていたんだけどね」とおばちゃんは残念そうに言った。

アリサが仕事を辞めてしまった。

そのままスーパーマーケットに勤めていられたら、辞めることはなかったのかもしれない。だが、アリサが就職した会社は掃除人を派遣する会社だ。配置換えで、アリサの派遣先がスーパーマーケットから病院に変わり、タナカさんも違う職場になり、離れ離れになってしまったのだ。病院は、手順も掃除の内容もスーパーとはまったく違う。また最初から覚え直さなくてはならない。しかも、今度はタナカさんのような親切な上司もいない。病院の業務は多忙なため、周囲も覚えの悪いアリサに手取り足取り教える余裕がない。アリサはどんどん追い込まれていった。

「それでも、アリサなりに健気に頑張っていたんだけどね。どうしても、つらくてつらくて休みたいっていう日が少しずつ増えていって」

会社へ元の場所に戻してほしいと異動願いをだしても、それも受け入れてもらえない。

おばちゃんは顔を曇らせる。

「そうなると、もう駄目よ。せっかく7年も勤めたけどね、結局、体調を崩して辞めることになってさ」

ひとり暮らしがさびしくなってしまったアリサは、夢だったアパート暮らしも引きあげ、それぞれ職場の寮を出たふたりの姉妹と一緒に住むようになった。それからは、失業保険をもらいつつ、姉妹のための家事をやったり、サポハを手伝ったりして過ごすように。

「ハローワークに行っていろんなところの就職試験も受けたんだけど、受からなくて……」

10年前と同じ状態になってしまった。

けれど、今度は少し事情が違っていた。アリサに恋人が現れていたのだ。彼は、前の派遣先であるスーパーマーケットに勤める青年。ちょうど、アリサの失業保険が切れるタイミングで、彼との結婚話が持ちあがった。

「アリサと結婚してくれる人が現れるとはね！」

そう言いながらおばちゃんはうれしくて仕方がない。

結婚を申し込まれたとき、アリサは、はっきりと彼に尋ねた。

「私には親はない、障害もある、それでもいいんか？」

彼は言った。

「関係ない。アリサ、普通やん。俺には障害があるなんてわからん。そもそも、みんな何かしら持っているじゃないか、目が悪いとか、耳が聞こえにくいとか。知的障害だって、それと同じじゃないのか？」

アリサはそのときの気持ちをこう語る。

「うれしかったよ。そんなこと言ってくれる人おらんやん？　だから、私、この人のことだけはなにがなんでも守っていかなあかんと思っている」

ふたりの間に子どもが出来たときのことも、アリサは考えている。

「もしかしたら、障害のある子が生まれるかもしれない。でも、私は育てられると思う。自分がされたことをすればいいんだから。サポハでやってもらった通りにすればいいんだから。療育手帳をもらうとか、そういう制度のこともサポハで学んだし」

障害を持っていることが結婚を妨げるという現実は、場合によってはまだ存在する。

「それを考えると、相手のご両親には感謝しかない」

アリサの結婚を語る際、おばちゃんは必ずそうくり返す。

ふたりが彼の実家に結婚の許しをもらいに行ったとき、ご両親は驚かず、「結婚するものだと思っていたよ」と、すぐに受け止めてくれたという。

「だから、長男の嫁として、母の日、父の日、誕生日などのお祝いを欠かさず、彼の両親を一生大事にするのが自分の務め」

アリサは、その日からずっと、そう心に決めている。

手作りのウエディングパーティ

2015年5月31日。土曜日の夜6時半。金沢・近江市場にあるライブ喫茶メロメロポッチで、アリサの結婚披露パーティが行われた。

ビルの階段を降りていくと、地下にある小さな店の内壁には、子どもの描いた絵が張り巡らされ、テーブルには、おにぎりやからあげ、サンドイッチなど手作りの料理が並んでいる。結婚披露パーティというより、ささやかなお誕生パーティと表現したほうがふさわしい雰囲気。

おばちゃんは、会場の真ん中でいつものド派手なＴシャツにジーンズで意気揚々とマイクを握っている。頬とＴシャツにラメが散らしてあるのは、彼女なりの正装なのだろうか。来ているお客さんたちも、ジャージやジーンズなどカジュアルなスタイル。

ファッションだけでなく言動もカジュアルだ。あっちでは、知的障害の男の子がところ構わず大声でしゃべり、こっちにはたたずむだけの人がいて、テーブルでは、天真爛漫に料理をぱくついている子がいる。大人たちは、それを笑ってすませ、会の進行を温かく見守っている。

会場の一番奥には、ピンクの振袖に身を包んだ新婦とそれを見つめる新郎。

そして、その真ん前で、本格的な映像機材を揃えてカメラをのぞいているのは、以前サポハに住んでいた映画監督の淺井康博さん。映画監督とは言いつつ、仕事が途切れて便利屋や居酒屋、テレビスタッフなどいろいろな仕事も兼ねているが。現在東京在住の彼は早くに金沢入りし、アリサの結婚披露パーティの準備段階から、一部始終を撮影していた。

おばちゃんが、招待客にコメントをもらおうとマイクを回す。すると知的障害の子がそれを横からひったくり、自分の思いを大声でくり返す。「やめろ、やめろ」と収めようとする仲間たち。

大笑いして見ている新婦。驚きながらも、笑顔を絶やさない新郎。いつものこと、と驚かずに見守る会場の面々。いつの間にか招待客の輪の中に戻ってくるマイク。

お客さんのスピーチが始まる一方で、今度は、2年ほどアリサと同じ部屋で暮らしていたダウン症のノゾミが、大声をあげて泣き始める。

アリサの振袖の着付けは全部、美容師をしている一番上のお姉さんが引き受け、お色直

ウェディングケーキはリカ（後述）のプレゼント

して着替えた水色のサテンのドレスは、サポハ関係者が手作りしてくれた。

音楽は、後出する「子育て農業応援団」の立役者・アマチュアミュージシャンの川口さんが弾く生ギターと彼の歌声。司会もサポハのボランティア仲間、盛り上げるのもサポハをよく利用する少年たち。

撮影も、音楽も、衣装も、司会も、そして、壁一面の飾り付けも、テーブルに並んでいる料理も、どれもこれも、今日の結婚披露パーティは手作り。文字通りの、ささやかな、ささやかなパーティ。

けれど、会場には新郎新婦をはじめ、たくさんの幸せな笑顔があふれていた。

アリサがおばちゃんに書いた母の日の手紙

お母さんへ
今日は　なんの日かしっていますか?　母の日です。
私のじつの母は、天国にいっちゃったけど、私は、6年前に　2ばん目のお母さんとであいました。最初は、わがままですなおじゃなく　だれにでも　うそついてきました。

でも、自分の障害のこと　しって　本当によかったよ。

ありがとう。

じつのお母さんじゃないけど、私にとっては　大切なお母さんです。

最初は、オバchanって言っていたけど、4年たったころから　オバchanのこと、お母さんって思ってきました。自分もビックリでおどろいています。お母さんだから　今まで、わがままやうそつきなむすめと　てばなさずに見守ってくれた。時にははらがたつことや　お母さんがやっていること　りかいできなかったけど　今はちがいます。お母さんのやっているサポハのことも理解したり　人との出会いの大切さやお金よりも大切なこと　まなびました。お母さん（おばちゃん）とおっさんに　であわなかったら　今の私はいないし　本当にありがとう。ふだん　お母さんの目見て言えないことを手紙にしました。

おいしいごはん　いつもありがとう。わがままにすなおじゃないむすめでごめんね。

私にとってサポートハウスは、大切なところだし、じつのお母さんとお父さんいないけど　私には、2番目のお母さんとお父さんがいます。

今までありがとう。この6年間は　私にとって大切です。

サポートハウス卒業するまでは、色々あるけど　わがままですなおじゃないむすめをよろしくネ。

手紙では、お母さんといわせてください。

お母さん　いつもいつも　ありがとう。

むすめより

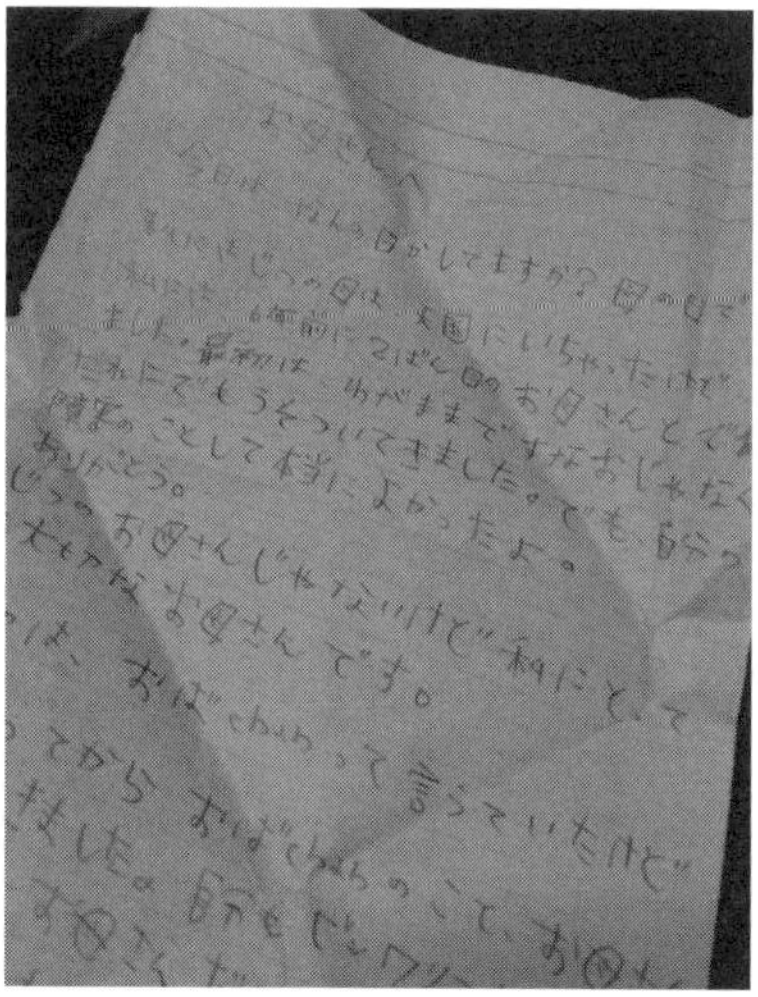
お母さんへ
今日は なんの日か知ってますか？母の日で
ありがとう。
お母さんじゃないけど私にとって
お母さんです。

アリサの手紙

ノゾミ

最低限の生活力を身につける

ダウン症のノゾミは、本当に可愛い。

ダウン症候群（ダウン症）は、顔立ちは少し特徴的だが、その性格はおおむね純粋であどけなく平和的で、「エンジェルベビー」の呼び名があるほど。ダウン症を知らない人は、そのルックスゆえに違和感を持ってしまうが、近しく付き合いそのピュアな性格を知る人にとっては、とても魅力的で愛らしい存在だ。

ノゾミとおばちゃんが出会ったのは２００１年、彼女がまだ中学1年の頃だ。当時、障害のある子たちの外出は家族とだけで友達同士で遊ぶことはほとんどなかった。だから、おばちゃんが作った障害児の放課後遊びを保障する『ポテトの会』は大人気。ノゾミもここの会員で、おばちゃんの息子たちと一緒に遊ぶ仲間だった。

両親が、障害児も健常児も一緒に学ぶインクルージョン（統合・包括教育）という考えを持っていたので、ノゾミは、普通の小学校・中学校に通っていた。ただ、１９９０年代にそれを実現するためには、親が相当な苦労をしなければならなかった。

「親御さんは頑張ったと思うよ。うわべだけはユニバーサルだのインクルージョンだのって言っているけれど、今だってまだまだ、障害児に対する差別や偏見は根強い。ましてや20年前だもん」

その、見えない根強い差別を肌で感じるためか、親は「うちの子に限ってなにかの間違いだ」「やればできるようになる」と、子どもが小さいうちはなかなか障害を認めることができないことが多い。世間から障害児、障害児の親とレッテルを貼られたくないという思いを拭えないのかもしれない。

「ひとつの命としてみたら、みんな同じなのにねえ。なんだか悲しいなあ」

とおばちゃんはため息をつく。

問題は、その子に障害があることではなく、障害児・者が暗黙のうちに劣った存在と認識され差別されていることだ。そのことが親たちを苦しめる。

それでも親が葛藤を乗り越え、子どもを障害児として認めて育てても、就学を迎えると、今度は、周りの子どもたちと一緒に地域の学校に通えないという現実に直面する。

現在の日本では、障害児の就学は通常級・特別支援級・特別支援学校という選択肢があり、親の意向を尊重すると言いながら、まだまだ就学指導委員会の意見が大きな影響力を持

ノゾミとボランティアの小児科医夫妻

つ。委員会は、子どもに適切な教育を受けさせるという観点から、障害児に通常級はすすめない。30〜40人に先生ひとりの通常級では特別支援のような少人数で丁寧な指導は望めないからだ。

しかし分けるということは、それ自体問題をはらんでいるという意見もある。たとえ特別支援が良い教育方法だとしても、結果的には障害児を地域の子どもたちから孤立させてしまうし、地域の子どもたちもまた、日常的に接していない障害児に理解のないままになってしまうからだ。その点、障害のある子もない子も、ともに学ぶインクルージョンの考え方は、細やかな指導が望めなくても魅力的だ。このような状況の中で、障害児の親は自分の理性と感情、そして周りの意見との狭間で大きく悩むことが多い。

おばちゃんは基本的にはインクルージョンの考えに賛成だ。だが、理想と現実が必ずしも一致しないことも知っている。

「学校選びで悩んでいたら、『一日の大半を過ごす場所だから、その子が伸び伸びと過ごせる場所を選んであげてね』って言うかな」

それがおばちゃんのアドバイス。かつての自分が、息子の就学の際に言ってほしかったセリフだ。

「なにがなんでも通常級とか、早く特別支援教育を受けさせたほうがいいとか、いろんな考えがあるけど、どれがベストかはわからない。学校以外の環境条件や障害の個人差もあるしね。いろんな人の話をよく聞いて、最後は、一番近くでその子を見てきたお母さんと、その子ども自身で決めたらいいいよ」

ノゾミの場合は、通常級で健常児とともに育ってきた。だが、高校は義務教育ではないので、入学試験がある。障害のある子を受け入れる高校もあったが、彼女の場合、合格ラインに届くことができないのは確実だった。結局ノゾミは高校受験をあきらめ、養護学校高等部に進んだ。

しかし、できるだけ健常児と同じ場で学ばせたい両親は、ノゾミを週3日サポハへ通わせ、残り2日は養護学校に行くという生活を送らせることにした。健常児と変わらぬかたちでなんでも自分でできて、そして親が亡き後、しっかりと自分で生きていけるように。そのためには、健常児とともに普通の暮らしを体験させることが必要だと考えたのだ。おばちゃんも、それには大いに賛成だ。

「発達障害の親の会とかいろいろあるよね。親の中にはそういうところで勉強して、その子にあった環境とか療育とかを、学校と協力して用意したりする人もいる。でも、親や学校という囲いがなくなった時に、社会がそんな配慮をしてくれるのかって思うんだよね」

と、おばちゃんは心配する。学校の評価で「就労適応間違い無し」と言われて卒業した特別支援教育の優等生が、どこでも通用する社会性が身についていないために、社会に出てつぶされていく。そんな例をいくつも見たことがあるからだ。

「世の中は厳しいんよ。障害児だろうが健常児だろうが、どこに行っても通じる、最低限の社会的ルールは身につけてあげないと……。それに、世の中は正しいことが通るとは限らないし、白か黒かの世界でもない。だから、その辺を含めて、世の中で生きていくために本当に教えなきゃいけないことを教えなきゃ」

障害児だろうと健常児だろうと、サポハに来るすべての子どもたちを厳しくしつけるのには、おばちゃんのそんな思いが込められている。

高等部に入学したノゾミは、しばらく自宅からサポハや学校に通っていたが、それではどうしても甘えが出てしまうということで、両親は、思い切って彼女をサポハに住まわせることにした。

「親御さんの思いを受け、サポハで高等部卒業まで約2年間生活をともにして、私が自立に向けた生活訓練をすることになったのよ」

おばちゃんは、毎日手取り足取りいろんなことをしてノゾミを鍛えた。

10までの数を覚えさせるために、サポハの近くにあるバス停まで、1、2、3、4と声を出し数えながら一緒に歩いて行ったり。洗濯物をたたみ、決まった引き出しに入れることを教えたり。ノゾミは、大便がうまく拭けなくてすぐ下着についてしまう。そういうときは、毎回汚れた下着を手洗いさせた。自分でしたことの後始末を自分でやることで、お尻を丁寧に拭くことの大切さを理解させるように努めた。そのほか、お茶碗の洗い方、風呂掃除の仕方、ゴミ出しのルールなどなど、おばちゃんは、ノゾミにありとあらゆる日常生活を叩き込んだ。

「その頃はまだ、交通のＩＣカードとかないからね、電車に乗るには、まずは切符を販売機で買うことを教えた。それから、トイレにすぐ行きたがるから、電車に乗るときは、トイレが近い車両に乗ることもね」

しかしノゾミは、叱られることに慣れていなかったり、することなすことおざなりだったり、少しでもつらいことがあると逃げてしまったりするところがあった。そんな彼女が、自分のことは自分で、やるべきことはちゃんとやる、というサポハの方針のもとで暮らすのは、ほかの子よりも大変だった。

それでもおばちゃんは、ノゾミをけっして甘やかさなかった。

「そんな甘えを許してたら、いつまでたっても自立できないやろうが。私は誰も特別扱いせん」

けれどノゾミには、なかなかそれが受け入れられない。

「私に叱られて、岩のように固まり20分も30分もその場を動かなかったこともあったなあ。その時は、腹が立って『岩子！』って呼んじゃったよ」

おばちゃんは、いつでもだれが見てようと、必要と思えば遠慮会釈なく注意する。

サポハに見学に来て、いきなりノゾミが怒鳴られているのを見て、「障害を持っている子を、あんなに厳しく叱らなくてもいいんじゃないか」と、言う人もいた。

おばちゃんは、そんな意見には、いつにも増して反論する。

「障害に甘えたらいかん。『私は障害があるから』とか、『この子は障害があるから』とか言われたらムカッとくる。だからなによ、って腹が立つ。私はサポハの子らには『障害に逃げるな！　それは人間として卑怯や！』ってすごく怒る。障害があろうがなかろうが、人間として最低限の生活力は身につけないかん」

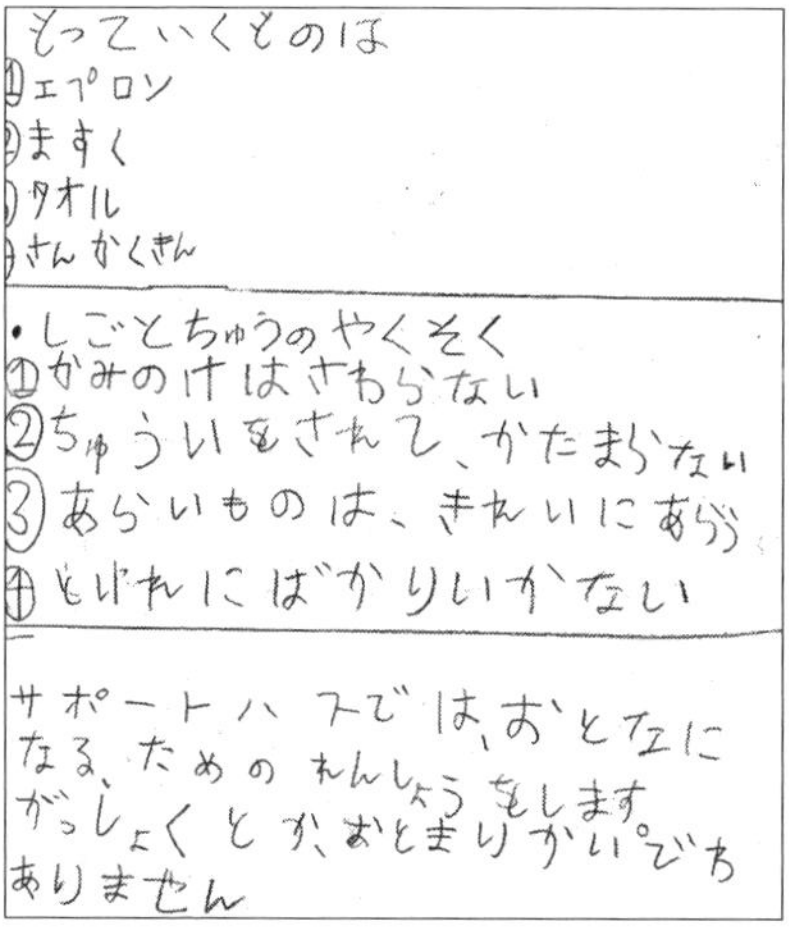
もっていくものは
①エプロン
②ますく
③タオル
④さんかくきん
・しごとちゅうのやくそく
①かみのけはさわらない
②ちゅういをされて、かたまらない
③あらいものは、きれいにあらう
④といれにばかりいかない
サポートハウスでは、おとなになるためのれんしゅうをします。

がっしょくとか、おとまりかいでわありません

ノゾミのメモ

だが、同時に、いつもそこには細やかな配慮もあった。たとえば、サポートハウスの室内には、ノゾミが普段の生活で気を付けるための張り紙があちこちに用意されていた。そして出かけるときには、人とともに活動する際の作法をメモさせて、噛んで含めるようにして送り出した。

また、ただ家事を教え込むだけではなく、おばちゃんは、さまざまな社会経験もノゾミに用意した。みんなで合宿に行ったり、畑仕事をしたり、バーベキューをしたり、海水浴へ行って

すいか割りをしたりなど、楽しいこともたくさんたくさん経験させた。

そしてなにより、老若男女、障害のある人ない人、いろいろな人たちに囲まれて毎日を過ごしたこと、つまりサポハでの日常生活自体が、ノゾミにとってはかけがえのない経験だった。

ノゾミは、成人式もサポハの居間で、おばちゃんの心尽くしの料理とたくさんの笑顔に囲まれて祝ったのだった。

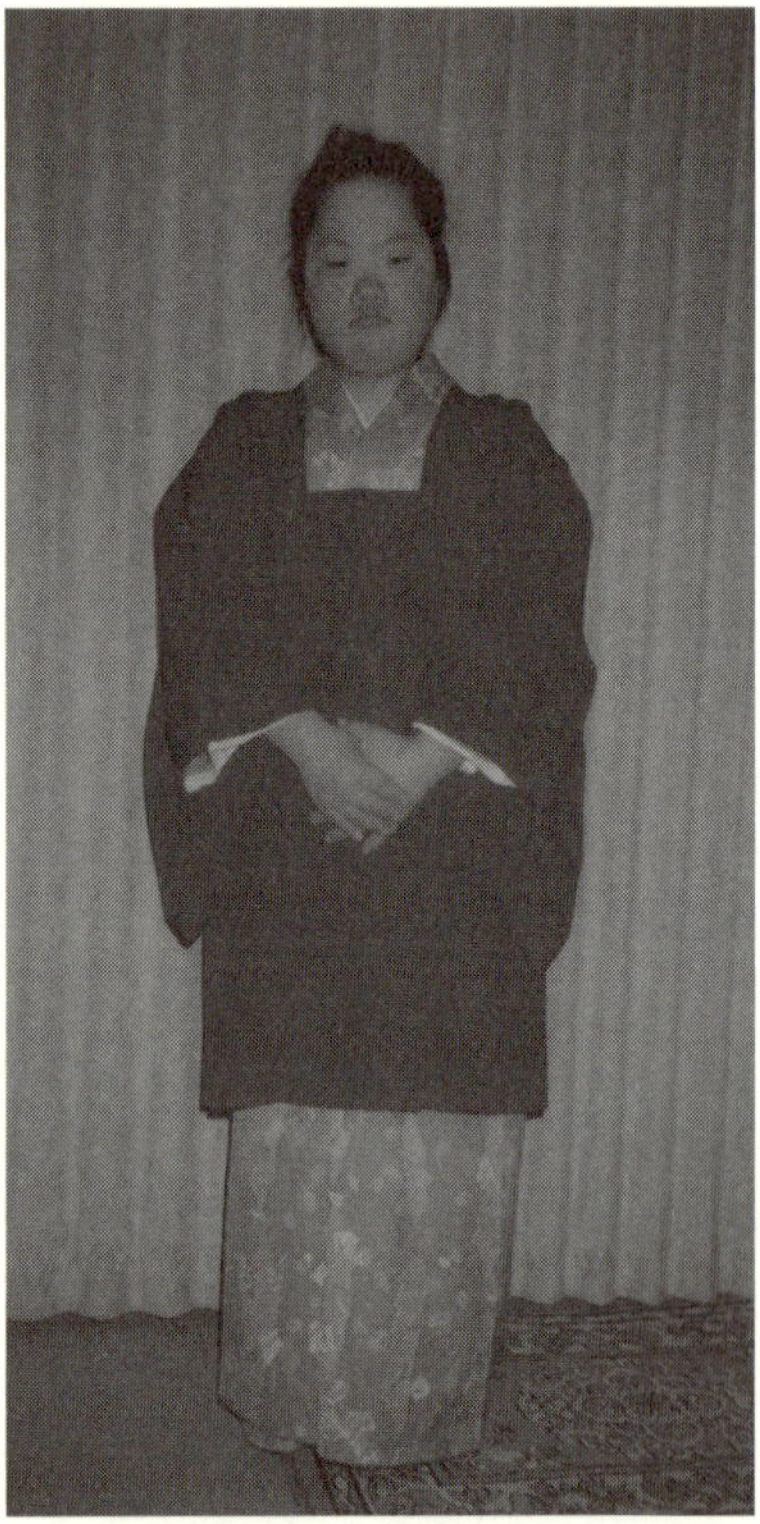

ノゾミ成人式

忘れられない事件

おばちゃんには、ノゾミに関することで忘れられない事件がある。

ノゾミが高等部3年のときのことだ。ノゾミの通う学校で、ある保護者がサバイバルナイフを持って職員室を襲い、先生を切り付けるという事件があった。詳しい事情はわからない。しかしそのニュースはテレビで報じられ、学校の外観や職員室の映像も流れた。

ちょうどその日、ノゾミはサポハの居間にいて、「ノゾミの学校や！　職員室も映ってる！」などとしゃべりながら、そのニュース画面を見ていた。

最初は変わった様子もなかったのだが、なぜ学校がテレビに映ったかを理解するにつれて、彼女はだんだんおびえ始めた。

そしてその日を境にひとりでは外出できなくなり、外に出るときは必ずおばちゃんの手をつなぐように、前から人が歩いてきたらおばちゃんの後ろに隠れるようになってしまった。明るいはずのノゾミが、普段は口をきくこともなくなり、慣れている人、親しい人でなければ、会話もできなくなった。

おばちゃんは、その気持ちに寄り添うように、家でも外でも毎日一緒にいてあげた。そんなある日、バス停まで一緒に歩いていたノゾミが、突然固まって動かなくなった。押しても引いても頑として動かない。

なにか事件を思い出させるものが目に入ったのだろうか。

おばちゃんが困り果てていると、なにやら臭いがしてきた。恐怖のあまり大便を漏らしてしまっていたのだ。ノゾミは、ただただ泣きじゃくるばかり。おばちゃんはなだめすかしてなんとか彼女を動かし、抱きかかえるようにサポハまで連れて戻った。しかし、下半身も靴下も靴も、便で汚れて部屋には入れない。そこでおばちゃんは、玄関から風呂場まで新聞紙を敷いて道を作った。

「名付けて、うんこロードよ」

おばちゃんはどんなにしんどい話も、こうしてユニークに表現し明るく話す。だからサポハには笑いが絶えない。

ふたりはその道を歩いてなんとか風呂場までたどり着き、一緒にシャワーを浴びた。おばちゃんは、ノゾミの下半身をきれいに洗った。もちろん、便の着いたズボン、靴下、靴も。

心配した母親が、ノゾミを学校の校医に連れて行った。診断はＰＴＳＤ（心的外傷後ストレス障害）だった。ＰＴＳＤとは、強烈なショック体験、強い精神的ストレスが心のダメージとなって、時間が経ってからも、その経験に対して強い恐怖を感じるというもの。

明らかにあの事件が原因だった。それなのに、なぜか事件の続報を伝えるニュースでは、「学校側は子どもたちの心のケアの体制を作ったが、それを必要とする子どもはいなかった」と発表され、学校関係者もニュースの中で「子どもたちへの被害がなくてよかった」とコメントしていた。

「どういうこと?」

おばちゃんは憤った。

ノゾミはこんなに苦しんでいるのに、ノゾミのＰＴＳＤは、もみ消されたのか?

腹を立て、県教委に真実を伝えに行こうかとも考えた。が、無駄なエネルギーを使うより、ノゾミをケアすることに専念しようと思い直し、握った拳《こぶし》をおろしたのだった。

「悔しかったけどね……。でも、目の前にいるノゾミが良くなるのが先決だと思ってさ。以前のように、明るくてよく笑う陽気なノゾミに、早く戻ってほしかったんよ」

そう願うおばちゃんの細やかな心配りで、彼女のＰＴＳＤは、半年から1年ほどで徐々に良くなっていく。

「その間は、ホントにいろいろと大変だったよ……」

自分の心に残ったわだかまりは消えないが、ノゾミの方は、今ではまったく後遺症もなく作業所の職員として元気に働いているから安心だ、とおばちゃんは笑った。

10年後の報告

２０１７年夏。

ノゾミと母親が久しぶりにサポハにやって来た。サポハを卒業してからも、親しい付き合いは続いているが、今日はなにやらおみやげを持ってあらたまった様子だ。

おばちゃんがいったい何だろうといぶかしく思いながら話を聞いていると、なんと、ノゾミが9月中にグループホームに入所することが決まったという報告だった。グループホームとは、障害などがある人たちが、専門スタッフの援助を受けながら、小人数で生活するところ。ノゾミは実家から車で30分ほどのところにある一軒家で、彼女を含めて６人で暮らすという。

両親が熱望していた、親元からの自立が実現したのだ。

おばちゃんは、思わず母親と手を取り合って喜んだ。

「掃除、洗濯、ゴミ出しなど生活のこと、身辺自立のこと、料理を作ること、バスに乗って移動すること、地域の中での社会参加など、本当にいろいろな教えと体験がサポハにあったと思うんです。その時代がなかったら、グループホームに入所して、親から自立するなんてできなかったと思う」

おばちゃんにはつくづく感謝をしている、とノゾミの母親は語る。

「親としては、30歳になるまでには親からの自立をさせたいと常に思っていたけれど、半面、現実にこの子がそんなこと出来るだろうか？　という気持ちもあった。それでもこうなれたのは、本当にサポハのおかげ」

ノゾミがサポハで生活してから、約10年後の報告だった。

おばちゃんは、その言葉を聞いて、本当にサポハをやっていて良かった、長年の苦労が報われると心から思った。

「グループホームに行くよ！　そこで住むよ！」

当の本人はニコニコ笑顔で話していた。

リカ

「母に捨てられたと思った」

「サポハにいたことは、最高の思い出です。今でも、自分の成人式をやってもらったときのDVDをよく見るし、見るたびに泣いちゃうんです」

すっかり大人の女性になったリカだが、最初はサポハがイヤで仕方なかったという。

「中学1年で初めてサポハに行ったときは、もう衝撃的過ぎて。だって、行ったらいきなり、男の人が大声でわけのわかんないこと叫びながら部屋の中を歩き回ってて。うちの兄も知的障害だけどそんなことしないから。ほかの利用者もみんな障害ある人ばっかりだから、私って障害があるからここにいるのかな？　ってずっと思ってた」

リカは、アリサ、ノゾミ、そしておばちゃんの息子マサハルとともに、中学1年の冬から高校1年の終わりまで、サポハで暮らした女の子だ。母親が、知的障害を持つリカの兄のことでサポハに相談に来たのが縁で、リカはここに住み始めた。

リカの兄は、社会との適応ストレスのためなのか、不登校で家庭内暴力をくり返しており、家族はそれに振り回される毎日だった。リカも、身の安全を守るため、部活動を終えてもすぐには帰らず、父親の帰りを待って一緒に帰宅したりしていたそうだ。

しかし、その父と母も不仲で、母は、絶えず父への不満を口にし、八方塞《ふさ》がりの現状に悲観して鬱《うつ》状態。死ぬつもりでひとり近郊の山中を一昼夜歩き回り、死にきれずに気がついたら実家の近くでさまよっていたこともあった。

そんな家庭状態の中で、リカは微熱、下痢、頭痛、腹痛に絶えず悩まされ、学校に行くのもままならなくなっていった。

「あの頃はね、もう自分の中に感情がなかった。何をしても楽しくないし、何かを食べたいという気持ちも起こらないし。学校に行かなくなったのは、お兄ちゃんのこともあるけど、学校で、部活の女の子同士の関係がうまくいかなくなって。私がコミュニケーション力がなかったんだと思うけど、それで人と関わるのが面倒臭くなっちゃって、親友もいなかったし、家に帰っても家族に相談できる状況じゃないし。完全に人間不信」

兄だけでなく妹まで不登校になってしまい、どうしていいかわからなくなった母からの深夜の電話相談に、おばちゃんは、「すぐにリカを連れておいで！」と応じた。そして次の日サポハに現れたリカを、その日からそのまま預かった。

そこから約3年の月日を、彼女はサポハで過ごすことになる。

リカ

とりあえずサポハではリカの育ちに責任を持ち、兄を含めた家族のことは、他機関と連携しながら徐々に解決していこう、というのがおばちゃんの判断だった。が、リカはまだ子どもで、そんな事情はわからない。

「私はお母さんに捨てられたって思っていた。今から考えると被害妄想的なんだけど、そのときは障害児の中に入れられて見捨てられたと思ったんです。サポハに行った後、お母さんと数週間会えなかったんですけど、それが数か月くらいに感じました」

おばちゃんは言う。

「リカだけじゃなくアリサでも誰でもそう。どこにも行くとこなくて、うちで一緒に暮らすしかなくなった子たちはみんな一緒。共通している。大人を受け入れない。信じていない。周りはみんな敵。そういう目をしている。男女関係なく。被虐待で来た子も、障害のある子も、健常の子も、みんな。それが、一緒に暮らしていくうちに表情が変わってくる。

最初は何がなんだかわからないし、自分の気持ちはズタボロだし、サポハがどういう場所なのか、〝山本さん〟がどういう人間なのか、様子を見ているよね。こっちもそうよ。その子がどういう子なのか、生活している中で観察していく。ああ、こういうことが好きなんだなあとか、これには反応するんだなあとか、小さなことを積み重ねてわかっていく。

まあ、半年経ったくらいで、お互いをわかっていって、1年たったら信頼関係が持てる感じよ。そうすると、いいこともイヤなことも、良くなることも悪くなることも、とにかく何かしらの変化が見え始めてくる。それから、本当にその子が全部見えるまでは、隠れていたことも全部見えて確実に信頼関係が結べたなあと思えるまでは、だいたい3年かかるね」

憂鬱な共同生活

サポハには、厳然としたルールがある。共同生活だから、子どもたちは、そろって規則正しく生活をする必要があるのだ。

「門限までに帰って、みんなで掃除して買い出しに行って夕飯を作ってお風呂入って……って。でも私、障害児と一緒に買い出しにスーパーに行かなきゃいけないのがイヤだったんです。相当イヤでした。今考えると、私は障害に対して偏見があったんですよね。だから、おばちゃんに、『家にいたい』ってお願いしたんだけど」

おばちゃんは絶対に許さなかった。

「『絶対ダメ！』って連れて行かれる（笑）。おばちゃんとしては、私に自立する力、生活する力をつけようとしてくれていたのかもしれないけど、私にしてみれば、障害児と一緒に歩いているのを見られるのもイヤだったし、それ以前に人と出会うこと自体イヤだったし。だから、買い出しに行くときはもう、すぐ帰りたくて仕方なかった」

しかしサポハに帰ってからも、リカを悩ませることがあった。

「人がたくさんいるから、お風呂が20分って決められているんですよ。そんな短い時間で入るのイヤだったし、障害の子が私の後に入るのもイヤだった。サポハは、ご飯前に全員お風呂に入る決まりだったんだけど、それもおばちゃんに『ご飯の後、最後にひとりでゆっくり入らせてほしい』ってお願いしたんです」

おばちゃんは、これについては根負けして、最後には許してくれた。

「でもいっつも『リカは風呂が長い』って怒られていたんです。でも、サポハは相部屋だからひとりになるところがトイレかお風呂しかないんですよ。トイレは、置いてあるぬいぐるみの目がなぜか気になって長くはいられないから、私にとってサポハでひとりになれるところは、お風呂だけだったんです」

家にいたときの習慣で、シャワーを出しっぱなしで浴びて怒られたときには、逆に反抗して、わざと出し続けたこともあった。そしてシャワーの中で泣いていたという。

「布団の中とかでも、よく泣いていました。そのときは親に捨てられたと思ってますから。事情はわかっているけど、こんなところに入れなくたって、ほかに方法あったでしょうよ！　って思ってました」

そんなリカを、おばちゃんは厳しくも温かい目でずっと見守っていた。

「リカはねー、最初来たときは心配だったよー。だって、たった一口くらいのご飯にふりかけちょびっとのっけて、それしか食べないんだもの。小鳥が餌をついばんでいるくらいのイメージよ。人間は食べることが基本なのにさ」

対するリカにしてみたら、おばちゃんはうるさいクソババア。

「時間通りに帰れ」「手伝え」「もっと食べろ」「風呂の時間を短くしろ」

それまであまり怒られたことがなかったリカは、そうやっておばちゃんに四六時中言われることに、我慢がならなかった。

リカは、同じ部屋に暮らすアリサとふたりで、いつも不満を言い合っていた。

「私たちに洗濯物たたませて、大人だけで酒ばっか飲んでんじゃん」

「そうだよ。ずるいよ」

「早くこんな場所出て行きたいね」

毎晩おばちゃんの悪口を言うのが、ふたりの日課だった。

思いやりってなに？

「うるさいクソババア」「障害児となんか暮らせない」と不満だらけだったリカだが、日々ともに暮らしているうちに、心境に変化が現れ始める。

「ホントにウザいから、おばちゃんが怒るとこっちもメッチャ、キレる」

だけど、キレながら心のどこかで思い始めていた。

「この人どうしてここまで言ってくれるんだろう」

「私を見守ってくれているのかな」

リカは、自分が決定的に変わるきっかけになった出来事を、今でもよく覚えている。サポハに住んで数か月くらい経った頃、学校での人間関係に悩んで、おばちゃんに尋ねた。

「私ってどうしてこうなっちゃうんだろう。何が足りないのかなあ」

するとおばちゃんははっきりとこう答えた。

「リカには思いやりがない」

まさかの直球・まさかの本音。心のどこかで「そんなことないよ、大丈夫だよ」というような慰めの言葉を期待していたのに、想像以上の言葉がガツンと返ってきてリカは焦った。

「でも『確かにそうだ。そんなこと考えて行動したことなんてない』って、すごく響いたんですよ」

リカは、おばちゃんに聞いた。

「思いやりってなに?」

「そんなこと自分で考えろ。そのうちわかるわ」

「そんなこと言ったって教えてくれなきゃすぐ改善できないじゃん。わかんないよ。その言葉、とにかくショックだし」

ぶっきらぼうなおばちゃんに、その場で食い下がったものの、はっきりとした返事は得られない。リカはそれからというもの、「思いやりってなんだろう」とずっと考え続けた。

思いやりって、サプライズでバースデーケーキを用意するようなこと?

思いやりってやさしさのこと?

人を思いやるってなんなんだろう。

結論は、なかなか出なかった。

自分は自分なんだ

中学2年に進級するのを機会に、リカは転校した。転校をきっかけに学校に行けるようになったリカは、精神的にも安定し、だんだんとサポハでの生活に慣れていった。
「もうその頃から、なんだか素直になれて、サポハのみんなを家族と感じ始めていて、おばちゃんのことは、たまにウザいなと思うときもあるけど、いつの間にか大好きになっていたんですよねー」

そして、サポハなんてイヤだ、早く出たいと思う気持ちはどんどん薄まり、逆に感謝の気持ちが芽生えていったという。

3年の受験期には、リカはおばちゃんにひとり部屋を与えてもらい、サポハのボランティアに家庭教師もお願いしてもらった。

自分本位な中学生だから、心の大部分では「おばちゃん気が利くな、ありがとう、ひとり部屋なんて超ラッキー」と思っていたが、残りのちょっとの部分で「自分のために、こんなにまでしてくれるんだ」とちゃんと感じていたと、リカは当時の自分を分析する。

そしてその恩に報いて猛勉強をした結果、リカは志望校に無事合格。

高校生になった頃には、リカにとってのおばちゃんは、「うるさいクソババア」から「尊敬する偉大なお母さん」に変わっていた。


リカがサポートハウスで暮らしている間に、残りの家族たちで話し合い、両親はやはり離婚することになった。兄は父親に引き取られ、看護師の資格を持つ母がアパートを借りて仕事を再開したので、リカはサポハを出て母と暮らすことに。

「その頃はサポハのこと大好きになっていたけど、サポハにいると門限が厳しすぎてデートもできないから」

そんなことを言いながら、リカは笑顔でサポハを後にした。

「今でもサポハは心の支えです。もし仕事でうまくいかなくても、何があっても、私にはサポハがある」

おばちゃんは、どんなことがあっても支えてくれるし、サポハのみんなは、いつも本音を言ってくれる。その安心感は計り知れない。

リカの家族はあまり本音を言い合う雰囲気ではなかった。それ以前に親子団らん出来るような状況でもなかった。だからリカは、ずっと自分を殺して生きていかざるをえなかった。

「でも、サポハにいて、おばちゃんといて、こんなんでもいいんだ、自分をさらけ出していいんだと思えるようになったんです」

それまでは、人がどう思っているかが気になってばかりいたし、他人の言動に必要以上に敏感だった。

「多分、自分に自信がなかったんだと思う。信頼できる人もいなかったし」

リカは、しみじみとふり返る。

「私はサポハに変えてもらったんです。すごく人間的に変わったと思う。自分でも自分の変化が手に取るようにわかるくらい、あの時期に私は変わった」

サポハに来る前のリカは、障害を持つ人を受け入れられなかった。それどころか、大人も子どもも、あらゆる人間がきらいだった。他人を受け入れようとせず、コミュニケーションもうまくとれなかった。ネガティブさ、自分を嫌悪する気持ち、変わりたいのに変われないもどかしさ、さまざまな感情が混ざり合って、とても苦しかった。

「でも、サポハで暮らすようになって、それがなくなっていったんです。それと同時にどんどん人が好きになりました。子どもも好きになったし、障害に対する偏見もなくなった。今なら私、喜んでみんなと買い出しに行きます」

前向きに生きること、好奇心旺盛に生きること、差別をしないこと、人が生きるために必要な力を、リカはサポハで身につけた。

今、東京で暮らしているのも、おばちゃんのアドバイスに添ったことなのだという。本当は県外に出るつもりはあまりなかったが——。

「あんたはもっと違う世界に行って広いところを見たほうがいい。広いところを見てから、その広がった視野で、金沢のこと家族のこと友達のことを見たらいい」

高校生のときおばちゃんにそう言われ、出ることを決めた。

実際、リカにとって東京暮らしは、いろいろなことを学ぶよい機会だった。

「東京に出てきてすごく良かった。何よりも自由だもん！　ひとり暮らしはすごく自由で、ホームシックも最初だけ。友達作り始めてからずっと楽しい。こんなに人って多いんだーとか、ビルたっけーなーとか（笑）。渋谷に行って、なんだこのゴミだらけの街はって驚いたり、結局東京って地方出身者ばっかりでできてるんだなーって気づいたり。面白い」

今は結婚して幸せな家庭を持つことが最大の希望だという。

「サポハみたいな、言いたいことが言いあえる、思いやりある、子どもがいる家庭。おっちゃんとおばちゃんがじゃれ合っている感じがいいんですよ。『ウザい』とか言い合いながら、結局愛し合っているじゃん、みたいな」

サポハで学んだこと

「思いやりってなんだろう」

リカは最近、この長年の疑問の答えがわかったという。

「思いやりって、人を喜ばせることの積み重ねだと思うんです。自分がされてうれしいことや、人がされたらうれしいんじゃないかと思うことを見返り求めずやることの積み重ね。一回じゃ意味がないと思うんです。積み重ねていくことが大事だと思う」

これは、リカが誰に教えられたわけでもない、自分で考え抜いた答えだが、それはどこか、おばちゃんのサポハでの実践を彷彿《ほうふつ》とさせる。

「おばちゃんって、昔の私とは正反対の人なんですよね。なぜか、おばちゃんの周りには人が寄ってくる。なぜ寄ってくるのかって考えたんですよ。すごく考えました。そしたら、人って、楽しいところに集まるんだなって思ったんです。人は幸せなところに集まってくる。おばちゃんって、どこまでもポジティブじゃないですか。苦しい状況とか、厳しい本音とか、そういうネガティブなことを全部、おばちゃんは冗談に変えてさらっと表現してしまう。あれはホントにすごいと思う。おばちゃんは、私の中で偉大な存在です」

リカは、自分のネガティブな過去はサポハに出会うための布石だったと考えている。

「お兄ちゃんの知的障害、学校での人間関係のつまずき、不登校、親の離婚って、私の人生はすでに波瀾万丈だと思うけど、でも、それはすべて、サポハに出逢うために必要なことだったんだろうなと思う。もしサポハと出逢わなかったら、今の私はないですから。

私は、サポハで過ごせたことを、今は自慢したいくらいの気持ちです。だから波瀾万丈でよかったと思っています」

実際、いまだに本人がよく家で見ているという、20歳の誕生日会の様子を写したＤＶＤの中で、リカは泣きじゃくりながらこうあいさつしている。

「私は、不登校をしてホントによかったです。不登校だったから、サポハに来れて、みんなと一緒にいられたんだから。不登校になってよかった。えーんえーん」

サポハの仲間たちに肩を抱かれ、頭をなでられながら、ＤＶＤの中でリカはいつまでも泣いていた。

第2章

サポートハウスが出会った人たち

子どもに慕われるおばちゃん

ぼくのそんけいする人

1ねん2くみ　オサム

オサムのともだちにやまもとさんというおばさんがいます。その人はサポートハウスをやっていて、こまっているひととびょうきのひとをまもってくれます。やまもとさんはそうじとりょうりをおしえてくれます。みんなでどこにあそびにいくかきめます。はたけももっていてやさいをそだてています。なつやすみにやまもとさんとバーベキュウをしました。

（中略）

はなびをしてテントのなかでねました。

やまもとさんがいてよかったです。やまもとさんはほんとだいすきです。なつやすみはいろんなことがあって、たのしいでした。やまもとさんはオサムといもうとままがこまっているときにたすけてくれます。オサムもやまもとさんみたいにこまっているひとをたすけたいです。たすけたらみんながしあわせになって、おともだちになるからやまもとさんみたいになりたいです。やまもとさんにありがとうといいたいです。やまもとさんといっしょにいたいです。

成長すれば去っていく

これは、今は大学生になったオサムが、小学1年生の時に書いた作文だ。

オサムとサポハが出会ったのは、母親からのメール相談がきっかけ。オサムの妹は、障害が残るかもしれない重い病気を抱えており、母親が子育てに悩んでインターネットで情報を探るうち、サポハに行きあたった。とはいえサポハはウエブサイトなど持っていないので、どこかのサイトに掲載されたサポハの紹介記事を見て、おばちゃんにメールをしてきたのだろう。

「お母さんは、最初は匿名でメールを送ってきていた。メールなら、素性を明かさず顔も合わさずに相談出来るからね」

けれど、やりとりを重ねるうちに、母親はすっかりおばちゃんを信頼し、気付けばいつの間にか、家族で足しげくサポハに通うようになっていた。病院だのリハビリだのと母親がどうしても妹の方につきっきりになってしまうので、サポハでは兄のオサムをよく預かった。

「やんちゃだったよ。やんちゃすぎて学校の先生を困らせているっていうからさ、私が学校へ様子を見に行って、やっちゃいけないことを言い聞かせたりしてた」

オサムは夫婦にとっては待望の第1子。病気の妹が生まれるまでは大切に育てられていたのだろう。サポートハウスに来た頃のオサムは、妹に母を取られたさびしさからか、悪さばっかりするようになっていた。

日中はおばちゃんがオサムを預かり、一緒に遊び日常の礼儀をしつける。母と妹が治療をすませてサポハに来たら、家族でご飯を食べて帰る。そんな日々が続いた。

おばちゃんは子どもを楽しませるのがうまい。その場にあるものなどを使って臨機応変にしかも全力で相手をする。だから、どんなにこっぴどく叱られることがあっても、出会った子どもたちはみんな、おばちゃんを心から慕う。

オサムも、おばちゃんが大好きだった。サポハにオサムがいるのが当たり前。そんな時期もあった。

しかし、オサムが成長するにつれ、親子にとってのサポハの必要性は薄れ、だんだん疎遠になってしまったという。

「ここは行政でも支援センターでもないからね、つーっと来て、つーっと去っていく。それでいいのよ。オサムだけじゃなくて、誰でも。数日ここにいた子やら、何年間も一緒に暮らした子やら、全部集めたら、サポハで面倒を見た家族は、百以上になるよ。今でも付き合いが続いている家族もいるし、そうでない家族もいる。付き合いがなくても、金沢にいる子の噂はどうしても耳に入ってくるよね。そうすると、大丈夫かなあと思う時もある。でも、様子を見ている。その子を面倒見たとき、どんなことをどれだけ〝山本さん〟がやってきたのか、親も考えないといかん。親にもやらせないかんからね」

支援をしない支援もあるのだ、とおばちゃんは考えている。

ホームレスの車中家族

家はあるけど車で生活する母子

2004年。サポハとして迎える2度目のお正月は、ホームレスの家族と一緒だった。家族は、母親と4歳から小学6年生までの4人の子ども。その母子は、4か月も車の中で暮らしていた。

「そばに行くと、臭いがひどかったのよー。しょうがないよね。お風呂入ってないんだもん。子どもらの皮膚は痛々しいくらい荒れているし、頭の皮膚にもできものがあったし」

おばちゃんは、そのときの家族の様子を思い出して顔をゆがませる。車があるとはいえ、つまりはホームレスの状態だった。

「仕方ないから、ここで家族全員風呂に入れて、きれいにしてやったんだよー。子ども一人ひとり洗ってやってさ」

着ていたものや持っている服はみな汚れている。そこで、風呂上りには、バザーに出す予定の古着を引っ張り出して着せてやった。

「あれには驚いたなー。よく長い間車の中で住んでいたもんだよ」

子どもたちは学校へは行っていなかった。学校から、何度か登校させるようにという連絡はあったらしい。今は携帯電話だから、家にいなくても電話は通じる。そして、何か理由をつけて休ませますと母親が言えば、学校はそれ以上詮索しない。

「もともと家にいる頃から、その子たちは学校へ行ったり行かなかったりの状態だったらしいからね」

その延長線上と思われたのか。しかも、家はある。本人たちが住んでいないだけで、父親はその家で暮らしているのだ。電話は通じるし、家は住んでいる様子がする。だから近所にも学校にも、母子の車中生活のことはわからなかったのだろう。

　父親が半年近くも自分の妻子を放っておいた心情は、おばちゃんにはわからない。もともと家庭内別居の状態ではあったらしい。母親は思い余って4人の子どもを連れて家を出たものの、折り合いの悪い実家に帰ることもできず、友達や知り合いに頼ることには遠慮があり、思いついたのが車中で生活することだった。

　国道沿いのオールナイトでやっているゲームセンターや遊戯施設の駐車場に車を止めて寝起きをし、飲料水とトイレを確保。トイレの手洗い場で、たまに身体を拭き髪を洗う。持ち出したお金で食べ物を買い、車の座席で寝る。母子はそんな生活を送っていた。

　そしてとうとう持ち出したお金が底をつき、どうにもならなくなって友達の携帯電話にSOSを発信した。偶然なのか運命なのか、その友達は、そのときちょうどサポハに遊びに来ていたのだった。

「食べ物もなくて、この寒いのに車の中にいるって言うからさ、すぐにサポハに呼びなって言ったのよ」

　事情を聞いたおばちゃんは、迷わずその家族をサポハに受け入れた。

「正月だっていうのにひもじい思いをしているんじゃないかな。北陸の冬は雪も降り寒いから、車じゃつらいだろうにって思ってさ、とりあえずご飯だけでも食べたらいいかなって」

とはいえ、現れた家族の姿を見たときはさすがに面食らった。なにしろ4か月のホームレス生活のなれの果てだ。しかも母親と小さな子どもたち合計5人。だがおばちゃんはすぐ気を取り直し、全員を風呂に入れ、食卓に迎え、料理を振る舞った。

「ほら、お正月だからさ、テーブルにはけっこうなご馳走が並んでいたのよ。おせち料理はもちろん、唐揚げとかエビフライとか。それで『食べな、食べな』ってすすめたんだけど、子どもがもじもじしてなかなか食べないから、『何が食べたいの？　好きなもの言ってごらん』って声かけたのよ」

おばちゃんは、思い出して悲しい表情をした。

「そしたらひとりの子が、消えそうな声で『卵かけご飯』っていうんだよ。おせち料理やら何やら前にしてさ、一番食べたいものが、卵かけご飯なんだよ。それまでのその子たちの生活がさ、なんか思いやられてね……。」

おばちゃんは、しばらく沈黙した。半年間、彼らはどんなものを食べていたのか――。それ以前にも、どんな暮らしをしていたのか――。厳しい現実に、紡ぐ言葉がない。

その日から正月の3日間を、その母と子どもたちはサポハで過ごした。半年ぶりにやわらかい布団で寝て、おいしいご飯を朝昼晩と食べて、おもちゃで遊んだりお絵描きをしたり。ずいぶん久しぶりの、温かくくつろげる時間だったろう。

公的機関には限界がある

子どもたちがサポハで羽を休めている間に、電話を受けた友達がその母親と母親の実家の間を取りもち、最終的に、その実家に母と4人の子を連れて行った。

「私は、衣食住を提供し3日間をここで過ごしてもらった。それが、あの家族にできる精一杯のことだったからね。でも、なんだかテレビのワイドショーの中にいるようだったよ、こんなことが現

サポハのおせち料理

実にあるんだなーって。まあ、よっぽどの事情があったんだろうねえ」

家族を思いやるおばちゃんの顔が、少し厳しい表情に変わる。

「そのとき思ったのは、行政や児童相談所などの公の機関は本当に困ったときに、まったく役に立たないんだなーってこと。たまたま母子が来たのが正月だったから、公的な相談機関はどこも開いていないのよ。だけど、人の暮らしの困りごとには盆も正月もない。真夜中に起きることだって多いしね。平日の昼間しか空いていない公の機関には限界がある。それはどうすることもできん。なんとかせないかんなぁーって、つくづく実感したよ」

支援の隙間にこぼれる人を救い、しかも「公の機関はなにをしているのだ！」と責めるのではなく「公の機関には限界があるから、なんとかせにゃ」と奮い立つ。人に頼られるのに、人に頼ることをあまり考えない。むしろ、いつも「自分になにができるか」を考えるのがおばちゃんだ。

ちなみに、サポハの利用料は母と子ども4人が3日間過ごしたら4万5000円になる。が、

「あの家族から、料金なんて取れるわけないが！」

おばちゃんは金沢弁でキッパリと言った。

発達障害で病気の青年

息子のことを頼みます

施設の食器洗浄の仕事をするタクヤは、現在29歳。アスペルガー症候群と診断され、糖尿病も患っている。アスペルガー症候群とは、自閉症スペクトラムという発達障害のひとつに分類され、その場に応じた振る舞いや適切なコミュニケーションをすることが苦手で、気になることにこだわりすぎてしまう特徴がある。

タクヤが最初にサポハと関係を持ったのは、まだ彼が中学2年生の頃だった。両親は、末っ子のタクヤのことをとても心配し、長いことサポハを頼りにしているのだという。

「お母さんが、引っ込み思案で心配症なのよ。どうしていいかわからなくなったときは電話がかかってくる」

3、40分の電話は短い方で、おばちゃんは、いつも1回の電話で1時間は母親の話を聞いていた。

「お父さんは無口で、男は黙って……っていうタイプだった」

両親は、サポハに子育ての相談するようになってから、夕ご飯を一緒に食べに来たり、タクヤを預けたりして、おばちゃんと親しくなっていった。

しかし、2007年の夏頃、タクヤの父親は体調を崩し入院、癌を宣告されてしまう。病は、ことのほか早く進行した。翌2008年の春、癌でもう自分が長く生きられないと悟った父親は、病床で、見舞いに来たおばちゃんにタクヤのその後を託した。タクヤはまだ19歳だった。

「おそらく、家族以外の人にタクヤのことを頼みたかったんだと思う。それがたまたまサポハだったんだよ」

その家の子ども4人の中で、唯一の男の子。けれど、発達障害と病気がある。タクヤの将来を考えた時、家族だけを頼りにするわけにはいかない。母親は心配性でか弱い性格、しかもこれから年老いていくばかり。そして、姉たちはそれぞれの家庭で子育て真っ最中だ。

病に苦しみながら、父親はベッドの上からおばちゃんの手を取り、

「タクヤのことを、頼むな」

それがそのとき彼が出せる、ギリギリの言葉だった。

「お父さん、大丈夫やよ」

おばちゃんが想いを感じ取り、そう応えると、父親は安心したようにその1週間後に息を引きとった。父親が亡くなってから葬儀の一切が終わるまでの間、おばちゃんはタクヤを預かった。養護学校の先生も「タクヤを預かりましょうか」と申し出てくれたが、母親はおばちゃんにタクヤを託した。

葬式に付き添う

おばちゃんは、葬儀の前に通夜や葬式の場所や手順をすべてあらかじめタクヤに見せて、丁寧に説明した。

「タクヤはさ、アスペルガーだから、未知のことには不安がつきまとうのよ。いろんなことが、この子の頭の中の理論に添って収まっていないと安心できない。だから予習させてやった。糖尿病のインシュリン注射も、1日4回打たなければいけないからずっと一緒にいた方がいいしね」

葬儀の当日も、おばちゃんはタクヤに寄り添って、病院から、仮通夜、通夜、葬式、火葬場まで全部を付き合い、火葬場ではタクヤと横に並んで、お骨も一緒に拾った。

「ひとりにしておいたらパニックになるからね、葬儀が始まってからもずっとそばについて、手を握ってやって」

親類縁者を差し置いて、他人のおばちゃんがタクヤの隣に座るのは、ずいぶんと居心地が悪かった。

「でもうしゃあない。私じゃなけりゃあ、あの子が安心できんから」

血縁より、他人との心のつながりのほうが重いことがあるのだ。

「まさか、サポハやっててお骨まで拾うことになるとは思わなかったよ。サポハがそういう存在になるとはね。でももう、こうなったからにはあとへは引けないわな」

それから10年。今も、タクヤは仕事が休みの時や終わった後などにちょくちょくサポハに現れ、夕飯を一緒に食べたり、今いる利用者たちとともに活動したりしている。

タクヤが来ていた夕飯時の一コマに、タクヤとおばちゃんの信頼関係がよくわかるエピソードがある。

ある夜、おばちゃんが、とうとうとひとつのことにこだわって語り続けるタクヤを、「そういうのが、バリバリのアスペルガー的発想なんじゃい！」と一喝した。そんな言われ方をしたら、ムキになりしつこく反論しそうなところなのだが、タクヤは、大笑いしながら、あぐらを崩してサポハの安物のじゅうたんに倒れこむ。

おそらく多くの支援現場では考えられない風景だろうが、これがサポハ流。

「タクヤはねー、仕事もよく頑張っているよ！」

おばちゃんは、彼の成長を我が子のことのように喜んでいる。

心の病を抱えた母

突然のSOSに駆けつける

ある晩、サポハの居間でくつろいでいたら、おばちゃんの携帯電話が鳴った。

電話を取ると、いきなりの怒鳴り声。

「こいつダメや、もうどーもならん！」

電話の向こうでは、小さな子どもの泣いている声もする。

「ちょっと待ってて！　すぐ行くから！」

あわてて立ち上がる。これはもう尋常じゃない。ちょうど、ボランティアのウチダ君が呑気にご飯を食べているところだった。

鬱を抱えていたウチダ君は、サポハにボランティアに来るようになって、おばちゃんのすすめで精神科を受診し発達障害が判明した青年だ。さかのぼって考えると、発達障害の自覚がなかったため、障害に適した対応や働き方を得られず、鬱になったことがわかったのだという。彼はもう長いこと、サポハにボランティアとして出入りしている。

「おい、ウチダ！　行くぞ！」

何がなんだかわからないウチダ君を無理やり車に押し込んで、その家族のところに向かう。「暴れられたら私ひとりでは抑えきれないと思ったから、ウチダを連れて行ったのよ。ちょうどいてよかったわ」と、後でおばちゃんは語っていた。

家に着くと、母親は台所で呆然と座り込み、父親はリビングで頭を抱え、子どもはその傍らで泣き続けていた。部屋の中は激しい喧嘩を物語るように散乱している。

「もう大丈夫！　来たよ！　サポートハウス帰ろうね」

おばちゃんは、真っ先に母親に駆け寄り背中を抱きかかえる。

「とにかくサポハに連れてって寝かせるから、子どものことよろしく！」

と父親に言いおいて、母親を連れて帰った。

まずは夫婦を引き離して、ゆっくり落ち着いて関係を修復しなくては。それがおばちゃんのとっさの判断だった。

連れて帰った後、ずっと隣に座って深夜まで話を聞き続けることで、母親は気持ちがおさまり、だんだんと落ち着いていった。その夜はふたりで布団を敷いて隣同士で寝た。次の日には買い物に行って料理を一緒に作ったり、他愛もないおしゃべりをしたり。そうすることで母親の気持ちは少しずつほぐれていった。

母親は、そのまま1か月間をサポハで暮らした。

県外から金沢に来たその母親は、双極性障害（躁鬱病）を患っていた。双極性障害とは、極端に活動的で現実離れした行動をとりがちになる躁の時期と、極端に悲観的にふさぎ込み続ける鬱の時期を繰りかえす心の病だ。彼女が友人も知り合いもなく孤立している様子を、子どもの保育所が一緒だった女性が見かねて、サポハならなんとかしてくれるだろう、と連れてきたのが最初の出会いだ。

初めて会った時、母親は、服薬の影響なのか、表情もなく能面のような顔で一点を見つめていた。反応も鈍く、生気のないオーラが全身から出ていた。おばちゃんは違和感を隠して平然を装い、いつものように手作りの料理をふるまってもてなした。

以来、その母親は、紹介者の女性とともに、子どもを保育所に迎えに行った帰りに、ほぼ毎日のようにサポハに寄るようになった。おやつを食べながら、大人はいっぱい話をし、子どもはいっぱい遊んで帰っていく、そんな毎日が続いた。

発病の詳しい経緯をおばちゃんは聞いていない。だが、母親は高校時代も同じ病を抱えており、いったんおさまっていたものの、見知らぬ土地での子育てのストレスからか、ここ金沢の地で再び発症してしまったらしかった。

過去に2度、入院に至ったこともあるという。1度目は、兼六園の池に飛び込んで泳ぎ、警察に保護されたことが理由。2度目は、不審な行動をして通報されたが、通常の会話が成り立たず、神が降りてきたと言って儀式をしたり、通りすがりの車に訳のわからないことを言いながら石を投げたりしたのが理由だった。

「そういういろいろなことが、付き合っているうちにわかってきたのよ」

しかし、おばちゃんが何より驚いたのは、そんな大変な状態なのに、母親が福祉とまったくつながっていないという事実だった。

すぐに母親が入院していた病院のソーシャルワーカーに相談に行った。しかし、ソーシャルワーカーは型通りのことを言うだけ。そんなことはおばちゃんにもわかっている。そうではなくて、いろいろな手続きや支援のために実際に動いてほしかったのだが、それは叶わなかった。

仕方がないので、昼間仕事で付き添えない夫から委任状をもらって、本人に付き添って、精神障害者手帳、障害年金、家事援助などの書類書きから手続きまですべてしてやった。

「手続きすれば公的援助が受けられるから、金銭的にだいぶ助かったと思うよ」

治療に通いやすいように、本人の自宅近くの病院にも転院させた。管轄の保健センターにも出向き、巡回訪問を依頼した。保健センターも人手がないようでかなり難航したが、おばちゃんは粘り強く掛け合い、週に1回、少なくとも1か月の間は巡回してもらうことになった。知り合いの事業所に頼んで、週に2回のヘルパーもつけた。転院後は、2週間に1度の受診におばちゃんが欠かさず同行し、診察室にも一緒に入り主治医と話をした。そのほかにも、サポハで家族一緒に晩ご飯を食べたり、保育所帰りに子どもを連れてスーパーに買い物に行ったりして、出来るだけ母親と一緒に過ごす時間を作った。

そんな親身の支援の成果か、その母親はだんだんと回復し、薬も弱いものに変わり表情も豊かになり、会話も普通にできるようになっていった。

「ただ、ときどき大声で奇声を上げたり、泣き出したりすることはあったね。子どものことでずいぶん悩んで、自分がこんなお母さんだから、まともに子育てをしていないと言って、自分を責めて」

おばちゃんは、そんな子育ての悩みを受け止め、寄り添い、母子の関係を支えた。もちろん彼女のことだから、子どもが悪いことをしたら母親の目の前でも叱り飛ばした。日常の礼儀作法を教えたのはいうまでもない。

一方で、夫とも何度も話し合った。

夫とは、彼の仕事が終わる夜10時ごろからファミリーレストランで落ち合い、今までの闘病の経緯を踏まえて、家族としての生活のこと、子育てのこと、お金のこと、これからのことなど、ひとつひとつ具体的に検討していった。

「本当に、お父さんはよくやっていたし、大変だったと思う」

父親は、「俺が今まで頑張れたのは、子どもがいたからだ。子ども命だ」と言いながらも「妻の顔を見ているのもイヤだし、同じ空間に居て同じ空気を吸うのもイヤだ」と、弱音を吐くこともあった。

「お父さんも、気持ちを吐き出す場所が必要だったんだと思うよ……」

サポハの規定では、支援される人が支払うのは食費や滞在費だけだから、母親の通院や手続きに付き添ったり、父親と話し合ったりした活動の対価はない。

しかし、この家族は、そういったおばちゃんの尽力によって、暮らしを立て直すことが出来たのである。

つかず離れず見守る

冒頭の電話は、そんな経緯があって約半年後のことだった。その少し前から、再び母親の状態が不安定になってきていたので、おばちゃんも気にかけて様子を見ていたのだが、結局、母親をサポハで保護する事態になってしまった。

母親がサポハに住み始めてから、父親が保育所に子どもを迎えに行き、サポハで夕食を食べて帰るという毎日が始まった。おばちゃんは、母親の滞在費だけで父親と1歳の子に夕食も振る舞った。

「だって、家族がバラバラになるわけにはいかんもん。しゃあない。母ちゃんのいるところに父ちゃんと子どもがご飯食べに来たら、それは止められん」

そんなサポハの様子も知らずに、母親を預かり始めてすぐの頃、他県から母親の兄があわてて飛んできたことがあった。

サポハに現れると、彼はすぐに聞いてきた。

「費用はおいくらですか?」

「1か月6万円です」とおばちゃんが答える。

「嘘だ。そんなに安いわけがない」と信用しない。

聞けば、実家にいた頃には、妹の病気のために1か月30万、40万というお金がかかっていたということだった。金沢に来た後も、精神疾患の治療費、入院費等はすべて実家で払っていたらしい。

おばちゃんは言った。

「私は医者でもなんでもないけど、今、あの人を家に帰すわけにはいかん。帰ったらまた病気がひどくなる。今、あの人がいられるのは精神病院かここしかない。私もどこまでできるかわからないけどね」

兄は、おずおずと聞く。

「もし、そのお金が払えなかったら、ここにはいられないんですか」

「そんなときは、金なんかいらんわ。金のためにやってるわけじゃないからな！」

おばちゃんは、お金のことばかり聞かれることに少し嫌気がさして、そう言い放ってしまった。兄は、黙って6万円を置いていった。

しかし、その後母親が家に戻ってしばらくしてから、結局、夫婦は離婚してしまう。

「まあ、しゃーない」

これもおばちゃんからよく出るセリフのひとつだ。あれだけ家族のために尽くしたのに、と思いそうなものだが、おばちゃんはこだわらない。

「しゃーない。ふたりでよく話し合って決めたことだから。私は、どっちの味方もしなかったよ。ただ、あんたたちは他人になるけど、子どもとは一生縁が続くからなって。子どもは、お父さんの子どもでも、お母さんの子どもでもあるんだから、とは言ったけどね」

おばちゃんは、今も母親とはつながり続けている。

本人の頑張りもあって、病気の状態は良好。ヘルパーの資格も取得し、次は自動車運転免許を取得するのに挑戦中だという。

子どもは小学生になったが、学校の緊急連絡先はサポハになっている。だから、発熱したときなどは学校からサポハに電話が来るので、迎えに行ってサポハに連れて帰ったりもしている。住んでいるアパートの緊急連絡先もおばちゃんだ。

「今は、つかず離れず、母子を見守っている感じかな。その母子なりの人生をしっかりと自分の足で歩いてもらいたいし、悔いのないように生きてもらいたいって思っているよ」

ゴミ屋敷の寝たきり老人

1日1回弁当を届ける

サポハが支援するのは、家族や若者だけじゃない。

2017年1月のある日、高齢者支援NPO法人の代表から、切羽詰まった様子でおばちゃんのところに電話がかかってきた。

「頼む。助けてくれ。これはもうサポハしかない」

その代表によると、金沢市内に、身寄りのない寝たきり状態の60代の男性がいるという。しかも、アパートの家賃は滞納し、電気、ガス、水道は止められ、食べるものもない。知的障害があり、そのうえ放浪癖があったので、寝たきりになるまで高齢者福祉サービスとは無縁だった。窮状を知った金沢市の福祉関係者が対応し、支援を試みたけれど、うまくコミュニケーションが取れない。そこで市は、老人を支援したことのあるNPOに相談した。NPOのスタッフは連絡を受け男性のところへ説得に行き、本人の了解を得て、大家さんに話をつけ、生活保護の手続きをした。

ところが、さしあたって誰もその男性を日常的に世話する人がいない。介護者はすぐに見つからない。食事の世話も必要だ。そこでそのNPOは、サポハに白羽の矢を立てた。公的支援から漏れた人を制度にないやり方で支えられるのは、サポハしかない。「明日から、1日に1回お弁当を届けて様子を見てほしい」と彼らはおばちゃんに依頼した。

「行ったら、気の毒に思った行政の誰かが、厚意でカップラーメンを置いていってくれていたんだけど、ガスも水道も止まっているのにさ、どうやってお湯入れるのよ」

　おばちゃんがあきれ顔で話す。

「いやあ、でもさ、こっちは、子どもとか親とかの支援をしているつもりだからさ、まさか寝たきりの独居老人の案件まで持ち込まれるとは思わなかった。けど、ま、しゃーない」

　頼って来た人を門前払いすることなど、できるわけがない。弁当代も「いつになるか、どんなかたちになるかわからないけれど、必ず払うから」とは言われたが、払ってもらえる保証はない。

「まあ、そんなことはいいのよ。それよりも、何よりも命よ。とにかく、サポハとして、できること・やらなければいけないことを優先させようって思ったんだ」

　おばちゃんらしい判断だ。

　しかし、さすがのおばちゃんも、そこへ行くのは毎日憂鬱《ゆううつ》だった。

「もし、死んでいたらどうしようって思うと怖かったよー。金沢の寒い冬だよ。外はマイナス1度とか2度とかの中で、電気もガスも止まってるから暖房なしだもん。いつ何があってもおかしくないって思ってた」

部屋は日当たりが悪くいつも薄暗くて、本人が朝と夜をわかっているかどうかさえ定かではない。お弁当は1日1回しか持っていけない。そこで、おばちゃんは、大きなお弁当箱を使って1回分よりずっとたくさん詰め、分けて食べれば充分1日足りるようにしてあげた。また、毎日熱いお茶を持っていき、その人の家にあった保温水筒に入れた。

部屋はゴミ屋敷状態だった。本人は何日も風呂に入っていない。

「大丈夫かなあと思うけど、私もそれ以上は出来ないしね。だから、せめて一所懸命お弁当作って、お茶淹れて持って行って」

ところが1週間もたたないうちに、弁当容器を取りに行っても、ほとんど食べられていない状態に。そしてほどなく箸もつけずに残されるようになり、おばちゃんの心配は募った。

命が一番大事

「私は、サポハをやる前は介護士だったからね、どんどん弱っていく様子を見て『こりゃ、あかん！』ってピンときて、包括支援センターの看護師に来てもらったのよ」

看護師の「これはもう限界」という判断ですぐに119番通報。

「到着した救急隊が本人を運ぼうと布団をめくったら、驚いたことに、もわっと全身から蒸気が上がったのよ！　もうびっくりしたよ。冬の寒い日にさ、人間の身体から蒸気だよ。つまり便や尿を寝たまま垂れ流していて、それが何日も全部布団の中に溜め込まれ温められ、布団をはいだ瞬間に、蒸気になってわき出たわけよ。臭いもすごかった。あんなの初めて見たね」

医師によると、帯状疱疹が化膿して全身が機能低下し足の硬直も始まっており、本人の力では身体を動かせなくなっていたとのこと。病院では身体清拭に実に2時間かかったという。

「でもまあとにかく、命が助かってよかった。ほうっておいたら死んでいたもん。毎日見に行っていてよかったよ」

おばちゃんは、命をひとつ救ったのだ。だが、支援はここでは終わらない。

「もうそこからはゼニカネ言ってられない。命が助かるかどうかの瀬戸際だもん、タオルやらなんやら持って、森さんと一緒にせっせと入院先にお見舞いに行ったよ」

森さんというのは、スタッフの森栄一さん。自身の畑にサポハの子どもたちを受け入れ、面倒を見ているうちにサポハのスタッフになってしまった60代の男性だ。

もう関係は切れたのに、スタッフと連れ立ってお見舞いに通う。おばちゃんの、見た目の豪快さには似つかぬ繊細なやさしさは、分けへだてなく出会ったすべての人に注がれる。

その男性は順調に回復し、退院後はグループホームで暮らしているそうだ。ゴミ屋敷だった部屋からは貯金通帳や印鑑も見つかり、サポハの弁当代も無事そこから支払われた。

とはいえ、1食分の値段で丸1日分のお弁当を詰めていたわけだし、看護師を呼んだり救急車を呼んだり、そのうえ、その後は何度もお見舞いにまで行っていたのだから、サポハとしては大赤字のはずだ。

猫とおばちゃん

けれどおばちゃんは、そんなことまったく気にも留めない。

「何よりも命が一番大事や。今まで、サポハとしていろいろなケースを受けてきたけど、まさか自分がここまでやることになるとはね……。行政サービスの隙間を前にも増して確認できたし、血の通わない制度はしょせん張りぼて。本当に困っている人、生死に直面している人にとって、何の役にも立たないということも痛感したわ」

そう語る顔は少し誇らしげだった。

リストカットをやめない少女

19歳の少女に添い寝

ミズキは、「もう山本さんのところしかない」という他県の民間支援団体の依頼で、2015年にサポハが引き受けた。

皮膚の腫瘤やさまざまな内臓異常を引き起こすレックリングハウゼン症候群を患い、知的障害もある。また、小さい頃から虐待を受けて育ったためか自殺願望もひどく、そのうえ、境界性パーソナリティ障害も抱えていた。境界性パーソナリティ障害とは、苛酷な成育歴が原因と言われ、人を信じられず対人関係で絶えずトラブルを起こすのが特徴の疾患だ。

ただでさえそんな状況だというのに、母親が5月の連休に自殺。父親のいないミズキは天涯孤独になり、壮絶な心の痛みを抱えたまま6月にサポハに来た。

来たその夜から毎晩、おばちゃんは19歳になるミズキと同じ布団で添い寝をした。

「だってしょうがないよ。添い寝をしなければ、ミズキは落ち着かないんだもん」

添い寝をしていても、ひと晩中落ち着いて眠ってはくれなかった。

「暗いから怖い、暗いから怖い」と夜中じゅう叫びまくったり、「あそこに黒い人が立っている！」と何もない場所に向かって、そこらへんにあるものを手当たり次第投げまくったり、毎晩たいへんな騒ぎだった。おばちゃんは、ぬいぐるみやら服やら枕やら、投げても大ごとにならない柔らかそうなものをミズキの周りにたくさん用意し、そして夜になったら一緒に布団に入り、背中をさすり落ち着かせながら隣りで眠った。

4か月の間、毎晩。

「日が経つうちにだんだんおさまってきて、静かに眠れる日が増えてきたんだけど、それでも時々、『今日はグレーの人がいる』とか、『こっちへおいでと言っている』とか、いろいろ言ってたね。幻聴幻覚がひどくて……」

もっと困るのが昼間だった。

ミズキは、おばちゃんの見ていないところで、県内外のいろんな支援団体や行政機関などに電話をして、自分の妄想話を語るのだ。サポハで誠心誠意支援している事実はいつの間にかすり替えられ、ミズキがひどい目にあっているストーリーに仕立てあげられてしまう。そしてその話をいろんなところに切々と訴えるので、訴えられた人たちはそれを信用して動く。結果、あちらこちらからサポハに電話がかかってくる。

「でも、事実は違うので、それをその都度説明して。イヤになるよ」

アリサを支援したときも同様のことはあったが、これほどではなかった。

おばちゃんは、毎日憂鬱だった。ミズキには自殺願望もあるから、そちらでも次々と問題を起こす。

あるときは、死のうとして死にきれず、救急車を呼んだ。またあるときは、交番に飛び込んで「死にたいんですけど、どうすればいいですか」とお巡りさんに詰め寄った。偶然サポハのことを知っている人だったので連絡をくれて、おばちゃんが引き取りに行った。

「毎日がそんなことの繰り返しよ」

ミズキを抱えてから、サポハは振り回されっぱなしだった。

10月のある日、ミズキはまた、どこかの相談窓口で被害妄想と自殺願望を切々と訴えた。相談員が話を聞いているうちに、精神病院の通院歴を聞き取った。ミズキは、被虐待の後遺症の情緒不安定で、精神科に通院して薬をもらっていた過去があったのだ。ミズキの様子から、その相談員は「これはもう、このままにはしておけない」ととっさに判断し、すぐタクシーに乗せミズキをかかりつけの精神病院に連れて行った。

即、医療保護入院（必要性がある時に精神障害者を本人の同意無しに入院させる制度）。しかし、入院したらしたで、今度は病院内でいろいろ問題を起こす。被害妄想があるから、「○○さんが自分の持ち物を盗んだ」と言い出し患者さんともめる。日常の出来事は少しずつ塗り替えられ、ミズキが被害者のストーリーになる。そしてそのことについて誰かれとなく訴えるから、悪者にされたほかの患者が反論して、またもめる。

「それを、私と病院とミズキが通っていたデイケアのスタッフとで、連携しておさめて。大変だったよ」

おばちゃんはため息をつく。

病院からも、いろいろな支援団体に電話して自分の被害を訴えるので、ミズキの話をそのまま信じた民間支援団体が病院に怒鳴り込んできたこともあった。入院生活は年をまたいで

7か月に及んだ。おばちゃんは見舞いを欠かさず、ミズキを支え続けた。

1月の成人式には一時外出をさせて、本人の希望を聞いてピンクの振袖を用意し、着付け、髪を結い、お化粧をして、盛大に祝った。

「初めての着物に初めての化粧。それはそれはいい笑顔をしていたよ」

おばちゃんはやさしい笑顔で思い出す。

血だらけの修羅場

だが、そんな〝良い時間〟は、いつだってほんのひとときだ。4月に退院してすぐ、ミズキは自分で購入したビタミン錠剤を一度に百錠も飲んでしまい、大騒ぎになった。薬を買わせないよう目を光らせていると、今度は頻繁にリストカットを始めた。

おばちゃんの中に、過去の出来事がよみがえった。

「今までサポハで面倒を見ていた中に、死んだ子がふたりいる。ひとり目の子が自殺したときはね、葬式で親が泣き崩れていて。そんな姿を見ていると、自分の支援はなんだったのか、今まで私のやってきたことはなんだったのかって思った。何かもっと出来ることはあったんじゃないのかって……たまらないよ。ふたり目の時もやっぱり同じ気持ちよ。もうちょっと、こういう言葉をかけていたら……とか、いろいろ考えるよ。後悔というのとは少し違うんだけどね」

おばちゃんは、絶対にミズキを3人目にしたくなかった。けれどミズキは、リストカットをなかなかやめない。最初は、「あんたが傷つくところ、おばちゃんは見とうないからやめて」と冷静に止めていた。が、どう言ってもミズキはぜんぜんやめてくれない。

「やめろ」

「やめない」

そんな押し問答が繰り返されていたある日、堪忍袋の緒が切れたおばちゃんは叫んだ。

「あんたがやめないなら、今度はおばちゃんも手首切ったるからな」

「最初は、口だけで『切るぞー』って言っていたんだけどね」

ミズキが変わらない様子を見て、おばちゃんも覚悟を決めた。

「『どうせおばちゃんはせえへんやろ』とたかをくくっているからさ、こらもう、いっぺんホンマにやったらなあかんなと思って」

「見とれー！」

と叫んで、おばちゃんは、ミズキの目の前で本当に自分の手首を掻き切った。それも、ミズキがいつもリストカットに使っている先の尖ったハサミで。おばちゃんの手首から血がどくどくと流れる。

「やめてーっ」

と叫んで、ミズキは、おばちゃんからハサミを取り上げようとする。

おばちゃんは血を流したままミズキの手をかわし、言い返す。

「あんたがやっとることじゃろがい！　ミズキがしたらおばちゃんもするって言ったやろ！」

「おばちゃんが傷つくところ見たくない」

両手で顔を覆い、泣くミズキに
「そんなん、おばちゃんも一緒や！！」

修羅場だった。

おばちゃんはその時のことを振り返って、悲しそうにつぶやいた。

「闘いや」

ところが、それだけやっても、ミズキの自殺願望も、そして被害妄想もおさまらなかった。相変わらず、さまざまな相談機関や支援団体に、死にたいと訴え、自分がどんなにひどい目にあっているかとサポハの悪口を言いふらす。サポハに連絡が来れば事情を説明できるが、そうでない場合はサポハがひどいところだという誤解を解くことはできない。

「このまま面倒見続けて、被害妄想であっちこっちサポハの悪口言いふらされたら、サポハはやっていけん」

断腸の思いで、おばちゃんはサポハでの支援をあきらめた。

今は、「成年後見制度」を使い、まず精神病院で入院治療をし、退院後は「救護施設」に入れて病院とデイサービスに通わせる方向で動いている。成年後見とは、裁判所に申立てをして、知的障害、精神障害、認知症などにより判断能力が十分でない人を、法律面や生活面で保護したり支援したりする制度。救護施設とは、身体や精神に著しい障害があり、経済的な問題も含めて日常生活を送るのが困難な人達が生活扶助を受けるための施設だ。

おばちゃんが、支援をあきらめるのは初めてのことだ。

「もう少し、私がなんとかできなかったのかなあって、今でも思うよ。あの若さで救護施設とは……と思うけどなあ」

サポハはミズキだけを支援しているわけではない。これからも、ずっとサポハをやっていくために、選択肢はそれしかなかった。結論を出した後も、まだおばちゃんが悩んでいる様子を見て、「山本さん、まだミズキのこと心残りなの違う？　今から裁判所に書類出すのやめて、後見人の依頼がなかったことにして、もうしばらく山本さんが面倒見続けてもいいんよ」と「成年後見制度」の後見人がそう言ってくれた。

自分が手を放したら終わり。サポハは最後の砦。そう考えていたおばちゃんにとって、ミズキを手放すことは、痛恨の極みだ。

「でも、このまま同じことを繰り返しても、どうにもならないからね」

ミズキが入院しても救護施設に行っても、おばちゃんは変わらず支えていきたいとは思っているが、もう、ミズキがサポハに住むことはない。

「人間のやることには限界がある。どうやってその限界を超えられるか、それが、これからの私の課題や」

おばちゃんは悔しそうに言った。

ミズキからの手紙

ミズキは、その後予定通り、サポハを離れ精神病院に入院した。

しばらくして、入院中のミズキから電話がかかってきた。サポハに残る荷物を引き取るための一時外出を、翌週に控えた夜だった。

「どうしたん」

いつもの調子で電話に出ると、どうも様子がおかしい。電話口でミズキがおばちゃんを「ママ、ママ」と舌足らずな声で呼んでいる。……赤ちゃん返りをしているのだ。おばちゃんは、なんとか電話口でミズキをなだめ、病室に戻って寝るよう伝えたが、心配で仕方ない。

翌日、朝一番で見舞いに行くと、そのときにはもう、様子や口調が普段のミズキに戻っていたので、おばちゃんはとりあえずひと安心した。あたりさわりのない会話をし、「じゃあ、またね」と病室を出ようとするおばちゃんに、ミズキはそうっと2通の手紙を差し出した。

そこには、おばちゃんとサポハへの、彼女の思いが綿々と綴《つづ》られていた。

山本さんへ
山本さんに、初めて、出会った日の事を、せんめいに、おぼえています。たしか5月だったかな、あたたかな日、自販機の前のベンチで3人で、話をしたことを、おぼえています。そして山本さんはこう言いました。
「お前は、もう一人じゃないんだぞ。金沢で、サポートハウスで、おばちゃんの家で一都（緒）にくらそ」

もう、なみだがとまりませんでした。あの日の事はせんめいにおぼえてるし、一生、忘れることはありません。この時初めて、この人は、今までの大人とちがうと思いました。なんか、すくわれたきが、しました。サポートハウス初日、コウスケ（当時サポハにいた男の子）がおふろそうじをおしえてくれました。その日のごはんは、たしか、山本さんが、これは、皆のこうぶつ、とりのたいたのと言ってそれを、たべました。アリサも一都（諸）に。今では、つい先（最）きんの事に思えます。だんだんと、サポハの生活にもなれ、家族て、すばらしいて思いました。ないたり、笑ったりけんかしたり、とにかく、たくさんのことが、ありました。

今まで、ありがとう

サポートハウスの皆様へ

初めて、出会った、夜のことを、おぼえていますか？

私は、とても、きんちょうしてました。みんな、とてもやさしくしてくれたし、一日一日が、いままでのなんばいも楽しかった。こんな日が、一生つづけばいいのにて思いました。ムーミン（サポハが親しくしている事業所・夢生民のこと）のなつまつり、海に行った事大阪に行った事、花火見に行った事、大変だった、大そうじ。今ではいい思いでです。山本くん体重130kgじけんうける（おばちゃんの息子マサハルの体重を計ったら130kgあったこと）。サポハにであえて本当に、よかったです。

こんな形ですが、さよおなら。ブー

※原文ママ・（　）内筆者注

母親からも、祖父母からも虐待を受けて育ち、あげくに母親は首つり自殺。そんなミズキをサポハに連れて来て、大変な日々だったけど、ちゃんとわかってくれていたんだ。家族というものを知らずに育ったのに、少しの時間だけど、サポハを家族と感じてくれていたんだ。

「何より、私のことを信じてくれていたんだ……」

病院からの帰り道、おばちゃんの目から自然と涙があふれ、とまらなかった。

第3章

サポートハウスが出来るまで

左端がおばちゃん

おばちゃんの歩いてきた道

子ども時代、家族との別れ

「おばちゃん」こと山本実千代さんは、1960年12月4日、大阪に生まれた。両親はともに競艇選手。母親は出産を機に引退したが、父親はその後も単身で全国各地を転戦していた。その間、母親は大阪でおばちゃんと弟を育てていたが、強豪だった父親がレースの賞品として奈良に家を得たため、家族はそこへ引っ越す。

1960年代といえば、畳で布団を敷いて寝て、ちゃぶ台で勉強も食事もするのが当たり前だった時代。けれどその家には学習机も2段ベッドもあったというから、幼少期の彼女の裕福な生活ぶりがうかがえる。

「小学生の頃は本が好きで、グリム童話とかフランダースの犬とか、西洋のお話をたくさん読んだよ。とはいってもおとなしい方じゃなかったけどね。どちらかというと、明るくて活発な子だったと思うよ。弟がいじめられたらほうきを持って仕返しに行ってたし」

本人は自覚していないようだが、それは〝明るくて活発〟を逸脱しているのではないだろうか。

しかし、この奈良での明るく幸せな生活は、1年経つか経たないかという頃に破綻してしまう。父親の浮気が原因で、両親が離婚してしまったのである。

父親の方に原因があるのなら、本来なら奈良の家を慰謝料代わりにもらってもよさそうなものだが、当時はそんな発想もなかったのだろう。母子3人は、奈良の家を出て大阪の実家近くでアパートを借りて暮らすことに。生活のため、母親はスナックに勤め、小学3年生のおばちゃんと小学1年生の弟は鍵っ子になった。

大阪の学校に転校した彼女を待っていたのは、先生からの差別だった。クラスの子に、「あの子は水商売で片親の子だ」「あの子とは遊んだらいかん」と先生が指示したのだ。

かつては、女性がひとりで子どもを育てて生きていくには、それしか選択肢のないことが多かったにもかかわらず、水商売をさげすむ空気があった。鍵っ子やひとり親も、差別の対象だった。人間関係が希薄になった現在では、濃密な近所付き合いや親類縁者の結びつきが強かった昔を懐かしむ風潮があるが、その頃は少数者に対するこのような厳しい差別も存在していたのである。

「子ども同士のいじめはなかったけど、先生のことはイヤだった」

そんな境遇でも、おばちゃんは健気に母親を助け、家の仕事を手伝った。

「夜は弟とふたりきり。お母さんがおかずは作って置いてくれるけど、ご飯は、小学3年生のときから私がお米をといで炊いていた」

ほどなくして母親が自分の店を出すことになり、小学4年生のときにその店の2階に引越し、また転校する。度重なる引っ越しは大変だったが、新しい小学校では先生の差別がまったくなかったので、おばちゃんはとてもホッとした。

「クラスの半分くらいが貧困家庭っていう地域の学校だったけど、差別はまったくなかった。あの学校では、楽しい思い出しかない」

貧しい人にやさしい、温かい助け合いがあるのはいつの時代も変わらない。

しかし、それもつかの間の幸せだった。母親が、ある日突然蒸発してしまったのである。

「多分、男から逃げたんだと思う。だって、その半年くらい前から男の人が家に出入りしていたから。母親とその男の人が、夜中にものすごい喧嘩していたのもよく見たしね。母親が馬乗りで首絞められていたこともあったし、血まみれになって、私に『助けを呼んできて──』って叫んで、夜中に泣きながら外に飛び出して、人を呼んできたこともあった」

小学4年生の女の子が、どんな思いでそんな日々を過ごしていたのだろう。

「で、そういうことが続いてしばらくしたら蒸発。だから、その男から逃げたに違いないよね。もうそのときから、母親はどこにいるかわからない。警察に家出人届を出しても居場所はわからなかった」

おばちゃんは小学5年生、弟は小学3年生になっていた。奈良で裕福に幸せに暮らしていたはずの姉弟は、こうして数年の間に両親を失ってしまったのである。

姉弟は親戚が引き取るしかない。しかし、ふたり一緒では引き取る方の負担が大きいので、おばちゃんが祖母の家に、弟が叔母の家に引き取られることになった。それは、おばちゃんには憂鬱な決定だった。祖母の家に住む、ということは、小学3年生のときに自分をさんざん差別した、あの教師がいる学校にまた行く、ということだからだ。

不安は的中した。転校したおばちゃんは、以前と同じように、ずっと教師に「鍵っ子」「親なし」と言われ続けた。

そんな状況の中で、彼女は、中学1年生の2学期くらいからだんだん荒れ始める。学校へ行っても、授業を受けないで中庭や藤棚の下でたむろしたり、ときには学校さえ行かないで喫茶店に居続けたり。

「暴走族で車やバイク乗り回して、スカート長くしてトイレで煙草吸って、いわゆるスケ番（女番長）、ヤンキーよ。もう怖いもの知らずだったねー。喧嘩ばっかり。男女問わず先輩、同輩と喧嘩三昧。気に入らない子にはヤキを入れたし、ほかの学校と闘ったし、ミナミ（大阪の繁華街）でぶらついて、やくざにカラまれて、警察に補導されて……。やくざと接触してからは、いつ襲われても対応できるように、ドス持って歩いてたからね」

仲間の中には、バイクで死んだ子や、やくざの世界に引き込まれてしまいガス自殺した子もいたという。当時の学校の先生たちは、いや、世の中の誰もが、そんなおばちゃんのことを、問題ばかり起こすどうしようもない生徒と思っていただろう。

けれど、小さい頃からそんな厳しい状況を生き抜いてきたからこそ、生きづらい子どもたちの気持ちがわかる、今の「おばちゃん」の強さとやさしさがあるのではないだろうか。

行方不明の母親が見つかる

荒れた生活を続けていたおばちゃんのもとに、母親が見つかったという知らせが届いたのは中学2年生のときだった。

母親は、石川県の加賀温泉で住み込みの仲居をして働いていた。さっそく、大阪に母親を呼び寄せ、親類を交え話し合いの場を持つ。もちろん、おばちゃんと弟も同席した。やっと家族3人、昔のように住める。そんな期待を胸に臨んだ話し合いの席で、しかし、無表情のままの母に、こう告げられた。

「子どもたちは引き取れない。施設に入れる」

せっかく再会できたのに母親が自分を受け入れてくれない。14歳の少女のショックは計り知れなかった。待ち焦がれていた再会、感動の対面は一瞬で修羅場と化した。

「なんだよ！　お前なんか親じゃない！」

激しい怒りにまかせて母親に殴りかかった。そこからはもう、母娘で殴る蹴るの大喧嘩。

「殺したる！」

おばちゃんはカミソリを持って母親を追い回し切りつける。その勢いで自分さえも傷つけ、お互い血まみれのままもつれ合う。話し合いの場にあった畳や襖や家具に、母娘の血が飛び散る。親戚や祖母がふたりを取り押さえて、なんとかその場はおさまったが、話し合いは決裂したまま。母親は逃げるように石川県に戻り、姉弟は施設には行かず、それぞれ元の家に戻り中学を卒業した。

高校進学は最初から考えていなかった。就職する子は学年に数人程度しかいなかったが、自分がそのひとりであることは、まったく気にならなかった。

「高校に行けないってことはずっと言われていたからね。どっちにしろ、勉強なんか全然わからなかったから、もうそれ以上したくもなかったし。それより、早く働いてお金を稼ぎたかった」

中学卒業で就職、金沢へ

中学を卒業した後は、大阪市内で就職してウエイトレスになった。

「もうそれまでとことん遊ぶだけ遊んだから、真面目にやろう、って思ってさ。遊びに未練はない、と思っていたね」

けれど、1年後、彼女はせっかく就職したレストランを辞める決意をする。昔の仲間とどうしても縁を切りたかったからだ。

「卒業したての頃は、仲間たちも自分の生活になれるのに精一杯だったから、連絡を取ってこなかったんだけど、生活が落ち着いてくると、私を慕ってまただんだん仲間が集まってくるのよ。スケ番（女番長）だったから」

このままじゃ、またあの生活が始まる。おばちゃんはそれがイヤだった。

「不良とかヤンキーの世界はさ、そこにいた経験のある人にしかわからないと思う。特殊な非日常の世界。そこにいると、起きたこと、起こすことはすべてが正当であり、自分が正義なんだよ」

ケンカ、暴走族、シンナー、ゆすりたかり、窃盗、万引き、暴力、セックス。いろんなものが大きな渦となり、みんな飲み込まれていく。その中で、自分を防御するには常に強くあらなければならない。そのために虚勢を張り吠える。自分の周りを仲間という味方で固めておく。ちょっとでも弱いところを見せたらやられるという世界。そんな世界はもうこりごりだった。

「こんなことはもう終わりにしよう。このままでは自分が壊れていく。とにかく仲間から距離を置こう。私の生きる道はそれしかない！」

そんな思いが抑えきれなくなった彼女は、大阪を出る決意をする。

仲間から離れるために選んだ行先は、母親のいる金沢だった。母親は温泉街の仲居をやめ、金沢の繁華街でホステスをしながらひとり暮らしを始めていたのだ。生きる強さはあっても、お金も生活力もない16歳の少女だ。現実的に新天地として選べる場所は、母親のところしかない。

「金沢という街を見てみたい」という気持ちもあった。子どもを捨て、周りのみんなに心配をかけて出ていった母が行き着いた、金沢という街。そこは母にとって、子どもより、身内より価値があったのか。

金沢に着いてみると、母親には付き合っている男性がいた。しかも不倫の関係。

「あれだけ苦労させられたり、怖い目にあわされたり、殺されかけたりした、男という生き物と、またもや懲りもせずに付き合っているのか」

おばちゃんはあきれた。あきれながら、そんな母親のアパートで一緒に暮らし始める。取っ組み合いの大喧嘩の末に別れ、また再会したら不倫状態という母親と、どんな思いで一緒にいたのだろうか。

「うーん。再会してから母親が死ぬまでの間、私はあの人を『お母さん』と呼んだことは一度もないからね。16歳の時点で、すでに母親という感覚ではなかったんじゃないかな。憎むべき母というよりも、ひとりの人間として見ていたように思う。だから一緒に住めた」

勤める時間帯が違うから、顔を合わせることもほとんどなく、同居人のような関係だったという。

「私は、まっとうな人間になりたかったので、ショッピングセンター長崎屋地下飲食店街のお好み焼き店で働いたんだ」

そのお好み焼き店は、おじいちゃんがひとりで経営する小さな店。ここでなら、過去を忘れてやり直せる。大阪にいた自分とは違う人間として、生き直せる。そう思って、1日も休むことなく一所懸命働いた。

「店主のおじいちゃんの言うことも素直に聞けたし、働く毎日が新鮮で、別世界のようだったのを今でも覚えている」

新しい生活は、遊びも充実していた。

「夜はね、もう毎日のように片町（金沢一の繁華街）のディスコに行ってた。今はクラブっていうの？　毎晩踊るのが楽しみだったよ。友達もできるしね」

ディスコの後はロック喫茶。夜の勤めの子も、仕事の後に集まってくる。

「事情のある子たちの居場所みたいなもんだったよ。田舎から来た子も多かったかな」

夜の世界が楽しすぎて、おばちゃんは結局、仕事も夜の商売に替えてしまう。新しい勤め先はラウンジバー。勤め始めてすぐ、そこの従業員と恋に落ちるのだが、ほどなく愛想が尽き、別れようとしたが別れてもらえない。その男は、別れ話を持ち出すと暴力を振るっておばちゃんを抑え込む。

「だからその店やめて能登まで逃げた。18歳になってたかな」

おばちゃんは、離婚して石川県に来た叔母と男と別れた母親と3人で、能登半島にある穴水町に引っ越した。

穴水の町で、昼は割烹料理屋で働いて、夜は母と叔母の経営するスナックを手伝う毎日が始まった。この頃割烹料理屋で身に付けた、お膳の持ち運びから並べ方、和食のマナー、着物での立ち居振る舞いなどの基本的な礼儀作法は、今、サポハの子どもたちの指導に役立っている。

「夏はさ、海女さんみたいに潜って貝やモズクを採っていた。いい町だったよ。そこにずっといるかと思ったんだけどね」

ずっといる、と思ったのは、穴水で出会った男性との結婚を考えていたからだった。だが、男性側の親は猛反対。その頃の結婚は家と家の結びつきを意味する。だから、「周りの反対」が意味するところは、今と比較にならないほど大きい。若いふたりは泣く泣く結婚をあきらめるしかなかった。おばちゃん22歳のときだ。

「ああ、私の結婚はこれを最初で最後にしよう」

おばちゃんはそう心に誓った。

失意の彼女は能登を離れ、単身金沢に戻る。金沢では、つらい失恋を忘れるために朝も夜も働き詰めの生活を送った。

「昼間はステーキ屋で働いて、夕方から夜9時までホテルのレストランで働いて。遊ぶ暇もなかったねー。私、頼る人いないからさ、仕事しないと生きていけないもん」

彼女はいつも、苦労をさらっと語る。そして、そんな日々を2年ほど過ごした24歳の頃、能登を引きあげてきた母と叔母がまた金沢でスナックをやると言うので、再びそこを手伝い始めた。

結婚と出産、そして借金を乗り越えて

数年後。

母たちの経営するスナックのお客さんとの間に、子どもができてしまった。

しかしその相手は真剣に結婚を考えるような人ではなかった。そもそも、おばちゃんは能登で結婚するつもりだった人以外とは、一生結婚しないと心に決めていた。

「だから普通に産んで、シングルマザーで育てようと思っていた」

と彼女は言うが、その時代に未婚の母になるというのは、相当の覚悟が必要だ。当然、周りは反対する。周りからしてみれば、身内から未婚の母が出るというのは耐え難いことであり、生まれてくる子どもにひとり親の苦労を味あわせないためにも、ふたりの結婚は絶対

だった。

「産み月まで、周りに『結婚しろ結婚しろ』って、やいのやいのと言われ続けてね……。もう抵抗できなくてさ、仕方なく……」

出産直前に子どもの父親が山本の籍に入るかたちで結婚。

「でもね、やっぱりうまくいかなくて」

１年も経たないうちに結婚生活は破綻。彼女は赤ちゃんを連れて家を出て、大阪の弟のところに転がり込んだ。

弟は中学を出てすぐ、鉄筋工になってひとり立ちし、大阪で暮らしていた。実は、先にスナック経営に失敗した母と叔母がここに身を寄せていたので、単身の住まいに、赤ちゃんを含めて合計４人が居候することに。

おばちゃんは、「弟に申し訳ない」と、すぐマンションを借り、母と叔母を連れて引っ越した。彼女と叔母が働き、母が子守りをする暮らしが始まった。だが、昼の仕事では必要なお金がまかないきれないと判断した彼女は、夜の仕事につく。

夜の仕事を選んだのには、理由があった。元夫の借金である。元夫は、離婚すると決まってから離婚届を出すわずかな隙に、山本姓のまま多額の借金をしていたのである。

「どうやって居場所を探したんだか、その督促状が大阪の私のところに届いてさ。それを見た途端、『やられた！』って思ったよ」

当時、サラリーマン金融（サラ金）という安易に借金できるシステムが広がり、借りたはいいが、返済ができずに夜逃げをしたり、保証人が肩代わりするケースが社会問題になっていた。まさにその被害者になってしまったのだ。すぐに貸元のサラ金と交渉したが、らちがあかない。

「向こうは、私が代わりに返すか、本人の首根っこ捕まえてきてサラ金に渡すかどっちかだ、の一点張りよ」

憤懣《ふんまん》やるかたない思いで、彼女は金沢まで飛んで行き、以前住んでいた家に乗り込んだ。まだ鍵を持っていたので、呼び鈴も鳴らさず鍵を開けて入ったら、目に入ったのは、仲良さそうに並んで座っている元夫と見知らぬ女性。

「もう、アッタマ来て、『おいこら、金出せー』って暴れまくったよ。あっちこっち金を探して家の中物色していたら、私が置いていった服や化粧品が使われている形跡があるんだよね。私は着のみ着のままで飛び出したからさ、なんでも残っているのよ。それを女に使わせているんだと思ったら、ますます頭に来て、むちゃくちゃに暴れてやった。『人のモノ勝手に使いやがって!』って。すごい剣幕だったと思うよ。元夫は何もできずに呆然としていた。やっぱりお金なんかなくて、『オマエ、籍抜いて来たからな! わかったか!』ってタンカきって戻ってきた」

結局、おばちゃんは自分が借りてもいない百万以上の借金を返す羽目に。悪いことは重なるもので、借金の苦労はこれにとどまらなかった。なんと、母親が高額の借金を抱えていたことが判明したのだ。鉄筋工と思っていた弟は、やくざな世界に足を踏み入れていて、その関係で、ふんだんにお金を使う生活をしていた。そしてそのお金の出所は、弟を猫可愛がりする母親の借金だったのである。

「もう無理だ。これ以上借金抱えたら生きていけん」

そう思ったおばちゃんは大阪の母や弟のもとから逃げ出した。たった20万円だけを持って、3歳になっていた息子とともに、彼女は金沢の町に舞い戻った。息子を市内の児童養護施設に預け、彼女は金沢にまた新たな生活の基盤を築く。

「預かってもらわないと働けなかったからね。喘息持ちで手もかかったし。まあでも、毎週末、家に連れて帰ってきていたから、さびしくはなかったよ」

その頃ちょうど30歳の誕生日を迎えたおばちゃんに、同い年の金沢の友達から「30歳の節目に何かやらないか」と声がかかった。

「いいね。やろうやろう」

　彼女は意気投合したその友達と、カラオケスナック「げんき」を開店する。

「看板も内装もインテリアもすべて手作りで、お金をかけないで開業したよ」

　スナック「げんき」はすぐ軌道に乗り、彼女が経営から離れた今でも、順調に営業を続けている。小さいながら共同経営の店を持ち、生涯のパートナーとなるおっちゃんこと岸本さんともこの店で出会い、ようやくおばちゃんに平穏な日々が訪れた。

　しかし気がかりなのは、息子マサハルのことだった。

「うちの子、なんかおかしい……」

色鉛筆を見分けられない

　息子マサハルは、1986年に金沢で生まれ、1歳で大阪に移った。

「思い起こせば、大阪で3歳児検診を受けた時も、マサハルは色鉛筆の色を見分けられなかったんだよね」

保健師が「赤を取ってごらん」と言ったら、マサハルは黒を取った。

保健師は言った。

「なんや、この子。赤色もわからないんか?」

おばちゃんは平静を装ったが、内心穏やかではなかった。

「なんじゃい、3歳の子は赤が絶対わからんといけないのか? って反発しちゃって、知的障害を疑うっていう発想にはまったくならなかったんだよね」

小学校の就学時検診でも、マサハルは養護学校をすすめられる。しかしマサハルが暮らす児童養護施設の園長には、子どもを分けへだてなく育てるというインクルージョン（統合、包括教育）の信念があった。

「検診の知能検査で答えられなかったっていうけど、そんなん、まだ学校に行っていないのに答えられなくて当たり前じゃないか。問題がむずかしすぎるんじゃないか。子どもはいろんな子どもたちとともに育つもの。ひらがなは、小学校に入ってから学校で習い書けるように覚えていくもの。もし、少し知的に遅れがあったとしても、分けて育てることには反対」

おばちゃん自身もそう考え、園長の考えに共感したので、教育委員会や学校の意見を押し切り、マサハルは普通の小学校に入学した。

「でも、入学してからが本当に大変だった」

入学する段階では予想だにしなかった事件を、マサハルは次々と引き起こした。誰でも分けへだてなくというのは理想であり、その理想のもと施設では手のかかるマサハルを苦労して育ててくれていたことだろう。けれど、30人から40人の児童を担任ひとりでまとめ、しかも、その一人ひとりの学習を保障しなければならない小学校では、そうはいかない。

自由奔放なマサハルの行動は、手がかかるうえ、ほかの子の学習を邪魔する困った問題だった。教室にじっとしていられないし、いても寝ているばかりで、読み書きはちっとも覚えない。いつのまにかマット倉庫に忍びこんで寝てしまって、気づかずに大捜索になったこともある。校長室の胡蝶蘭の鉢は割る、給食の配膳の横でおしっこをする、トイレに入って便をこねる、先生の車のボンネットを滑り台にする。そんな問題行動をくり返すマサハルに、おばちゃんは心労の連続だった。

「あの当時の私は、障害のこともその関係のことなども何も知らず、無知そのものだったからね」

子育て方法が間違っていたのだろうか、自分は母親失格なのではないか、いったいどうしつければいいのだろう、と思い悩み、自分を責め、おばちゃんは苦しんだ。

一方で、学校からは頻繁に呼び出されては注意を受け、保護者会では、いつも一斉に非難を浴びる。

「養護学校に行くべきじゃないんですか」

「親がなんとかすべきじゃないんですか」

「中学受験をする予定なので、授業が滞るのは困ります」

いろいろ言われた。

「だけどさ、こっちは施設にお任せしている身だからね、なんとかしますとも言えないし、転校させてくれとも言えない。私にできるのは、マサハルが家に帰って来た週末にこんこんと言い聞かせることぐらい。保護者会では何を言われても『すみません、申し訳ない』って謝るだけよ」

マサハルがいることで、学級がたいへんな状態になっているのは事実だ。けれど、手のかかる子の親を責めるだけで問題は解決するのだろうか。

あまりにおばちゃんがほかの親たちに責められるので、ひとり泣き出してしまった母親もいた。

「なんで山本さんばっかり責めるんですか。うちの子はマサハル君にやさしくしてもらったことだってあるし、マサハル君のこと好きです。マサハル君にだっていいところいっぱいあるのに、悪いところばかり言って、山本さんを責めて、こんなのひどすぎます！」

その人はそう言って、泣きながら保護者会を途中退席してしまった。

「うん、あれはありがたかった。ありがたかったけど、実際私としてはさ、『責められてもしゃあないなあ、迷惑かけるなあ、申し訳ないなあ』という気持ちしかないもの。ほかの子の学ぶ権利が、うちの子によって侵されていることに間違いはないわけだから」

マサハルは知的障害

おばちゃんは、マサハルが3年生になった頃から、だんだん自分の中の違和感がぬぐえなくなっていった。そこで、施設に何度も「うちの子はちょっと普通と違うんじゃないですか」と話すのだが、園長も職員も、けっしてマサハルに知的障害があるとは言わない。

「いろんな子どもがいる。成長の仕方も一人ひとり違うもの。顔が違うように子どももいろいろ。マサハル君の場合は、人よりもゆっくりと成長していく子じゃないかな。お母さん、あまり心配しないでいいですよ。その子なりの成長はしているんだから」と、いつも答えは同じだった。

結局、マサハルは問題行動を繰り返しながらも、なんとか通常級のまま小学校を卒業し、中学校に入学する。しかしおばちゃんは、もうマサハルが6年生のときには、知的障害児であるとわかっていた。

「スマホもインターネットもない時代だからね。本を読んだり、テレビを見たり、人に聞いたり、講座に出かけたりして、必死に勉強した」

そうして独学で、当時まだあまり知られていなかったLD（学習障害）にたどり着く。けれど、LDに関する資料もほとんどなく、詳しく知っている人も周りにはいない。そこで、LDの全国団体の連絡先をさがして電話したら「一度専門家に診断してもらった方がいい」とアドバイスされた。

すぐに市の教育センターで診てもらうと、マサハルは、LDではなく知的障害だった。「実年齢は小学6年生だが、知的レベルは保育園年長児くらい」というのがセンターの診断結果。

普通、自分の子どもの知的障害を宣告されたら、親はショックを受け悲しみにくれてしまうものだが、彼女はむしろ、これで目の前が明るく開けた！　と感じたという。

「あ～よかった！　これで、すべてがスッキリした。原因がハッキリとした！　悩まなくてもいい！　って胸をなでおろす感じだったね」

とはいえ、これは1998年のこと。知的障害に対する世間の差別や偏見が今よりもさらに厳しい時代だ。実家にも父親にも頼れない状況で、おばちゃんは最愛の息子の障害と向き合うことになったのである。

中学校でいじめが始まる

次々と問題行動を繰り返したものの、それでも、マサハルが小学校時代にいじめられることはなかった。むしろ、やさしい女の子たちが、「マサハル、マサハル」と、何かと世話をしてくれて、ありがたかったくらいだ。しかし、中学に入ると少しずつ様相が変わっていく。「周りの子どもたちはどんどん成長して思春期に入っていくのにさ、マサハルは相変らずだから、当然、そこにはギャップが生じるよね」

身だしなみに過度に気を使うティーンエイジャーの中で、制服が汚れていても食べこぼしがあっても気にしないマサハルは、「きたない」「くさい」と言われるようになり、だんだん仲間はずれにされていく。背中に「死ね」「キモい」と書かれた紙を貼られていたこともあった。一方のマサハルは、自分の立場が悪くなるようなことばかりを重ねる。

たとえば、イヤなことを言われた腹いせに、女の子が体育着に着替えた後の教室に忍びこみ、たたんであった制服の上でぞうきんを絞って制服を濡らし、そのうえ、学校に内緒で彼女たちが持ってきていた化粧品をトイレに隠す。彼にしてみれば仕返しのつもりだろうが、周囲には、教室に忍びこんで制服を濡らし、女の子の持ち物を持ち出すなど変態じみている、と思われてしまう。これではもう、昔クラスメートだった女の子たちも、やさしくは出来ない。むしろいじめは常態化していく。

そうなると、マサハルは面白くないから学校内外をうろつくようになり、あっちこっちで問題を起こす。登校途中の工事現場で工事のおじさんと仲良くなってしまい、学校をサボってそこにいたり、果物屋の店先に積んである果物を黙って食べてしまったり。学校に行かず病院の駐車場に行き、ロックしていない車を見つけて、勝手に乗り込んで後部座席で寝てしまったり。その都度、母親のおばちゃんが謝罪し後始末に奔走する。しかしそうやって苦労してマサハルを教室に戻しても、そこにはいじめが待っている。

悪循環だ。

そして、とうとう教室で、見過ごせない事件が起きる。中学2年生のある日のことだ。教室でクラスメートにいじめられたマサハルが、激昂して窓の〝さん〟に足をかけ、「もう死んでやる!」と大騒ぎしたことがあった。

そのとき、周りの生徒たちが、それを止めることなく「飛べ！　飛べ！」と言ったという。みんなマサハルの言動に疲れ果てて、飛び降りるわけないと思って、つい言ってしまったのだろう。

しかし、その話を聞いたおばちゃんは憤った。

「万が一、本当に飛び降りてしまっていたらどうなるのか。もう命と引き換えに学校は行かせられない」

おばちゃんの強い希望で、マサハルは3学期から学校へ行かず施設で過ごすこととなった。

「学校は、いじめに関しては、当たり障りのない対応しかしてくれなかったよ。でもまあ、マサハルもマサハルだし、中学自体もマンモス校で荒れてもいたしね、先生たちはいろいろなことに手一杯だったんだと思うよ……」

そんな状況の中、彼女は決心した。この子を、自分の手で育てよう。

長年払い続けていた借金が片付いたことも大きかった。今なら子どもを引き取れる。そう思ったおばちゃんは、子どもを引き取って育てていけるような昼間の仕事はないだろうかと考えた末、資格を取って介護ヘルパーの仕事を始めた。

「ちょうど介護保険が始まったときだったから、ヘルパーの需要も多かったし、資格があれば、なんとか食べていけたのよ」

マサハルを引き取った彼女は、「どの子も通常級で育てる」という施設の方針から離れたのを機に、もう少し視野を広げて考えようと、ほかの中学に併設されていた特殊学級（現・特別支援学級）を見に行った。

「この経験は大きかったねー。和気あいあいとしているし少人数だし、『ここなら大丈夫』と思ったよ。すぐに転校手続きをして、1か月かけてマサハルにバスの乗り方を覚えさせて、中学3年生からはそこに通わせた。そしたら、特学（特殊学級）は寄り道することなく毎日ちゃんと通ったんだよ！　野球部にも入って熱心に練習して」

マサハルは、ようやく充実した学校生活を送ることができた。この学校で本当にマサハルはよくしてもらったという。

「もっと早くマサハル君に特別支援教育を受けさせるべきだった。もったいなかった」

と、このとき多くの特別支援教育の先生たちに言われた。

「けど、特学で育ったとしても何かあったかもしれない。どんな人間になるかは、その子の育ち方や性格なども大きく左右するから、学校教育だけでなんとかなるもんじゃないと思う。小さい頃から特学で、マサハルのレベルに合った療育・教育を受けていたら、もう少しましだったのかも知れないけど、どっちにしろ、今さらなんだかんだ言ってもしゃーない」

おばちゃんはいつも潔い。ただ、実際に特学を経験したことで、「何がなんでもみんなと一緒に通常級で」というこだわりはなくなったと言う。

「それでも、私の中にある『子どもはみんなで育つもんだ』っていう気持ちは今でも変わらない。けれど現実には、まあ、小学校はともかく中学はむずかしいよね」

理不尽な校則に立ち向かう

順調なマサハルの特学生活だったが、おばちゃんにはいくつか納得できないこともあった。まずは、家庭科の授業。

「子どもにテーブルの拭き方を教えるんだけど、端っこから縦に順番にふきんを動かさないとダメだと指導するわけ。違うでしょう? 大事なのは、拭き方じゃなくて、テーブルがちゃんと拭けているかどうか。動かし方なんてどうでもいいでしょう」

理にかなった主張だが、学校はかたちから教えることが多い。ほかにも納得のいかないことはあった。

たとえば、「みかんの皮のむき方、食べ方を勉強するからみかんを持たせてくれ」と季節はずれに突然言われる。

「みかんの安いときにやらないで、なんでこんな時期にやって、わざわざ親にデパートで高いみかん買いに行かせるのよって思ったよ」

服装も厳しく決まっていて、「コートは暗めの紺か黒」だというのだが、明るめの紺のコートを安売りしていたから、おばちゃんは「これでいいだろう」と買って着せていた。

「そしたら『校則違反だ』って言われてさ。ちょっと色が明るいだけで、紺は紺なんだから、いいじゃないって思うんだけどね。経済的に余裕のある家ばかりじゃないって、学校はわかってないいんじゃないかと思うよ」

納得いかないおばちゃんは、校則違反を承知でマサハルにそのままそのコートを着せて通わせた。

そんなこんなで、一方では感謝しつつも納得できないことも抱えていた中学生活だったが、ついに、どうしても受け入れがたい規則にぶつかった。

特殊学級は校区の中学校に併設される。しかし自分の校区の学校にそれが設置されていない場合、障害児は、自宅から遠く離れた学校に通うことになる。マサハルは、設置校までバスで30分くらいだったが、もっと遠くから通学するクラスメイトも多かった。

校区の学校に通っていないから近所に友達がいない。だから障害児は家に帰ったら外に出ることもなく、ゲームをするか音楽を聴くか動画を見るぐらいだ。休みのときも家族と一緒。

「そんなのおかしいでしょう。障害があってもなくても中学生なんだから、学校が終わって友だちと遊ぶのは当たり前」

そう思ったおばちゃんは、遠くの学区に住むクラスメイトを、どんどん自分の家に誘って遊ばせた。

「そしたら、学校ともめたのよ。校則違反だって言われてさ」

その頃、金沢市内の中学校には「家に帰ったら校区外の友達の所に遊びに行ってはいけない」という決まりがあった。きっと、中学生の素行を管理するための規則だろう。

「だけどさ、それを特学の子たちにも採用されたらたまったもんじゃないわけよ。だって、特学の子らはみーんな校区外から通っているんだから、校区内の友達なんていないもん」

だが、どんなに学校に「おかしいんじゃないか」と訴えても、毎回「だめなんです、決まっているんです」の一点張り。まったく納得がいかなかった。

きっとこれまでも、学校に対して「理不尽な……」ともやもやとした気持ちを抱えた親は少なからずいただろう。けれど、多くの親たちは、学校に立ち向かうなんてできずに、その不満を自分の胸にしまってやり過ごしてきた。けれど人生経験豊富なおばちゃんは、黙ってなんかいられない。

彼女は、学校の規則に逆らって、放課後遊びの会を立ち上げた。

「とりあえず、校区外の子と遊ぶなっていう規則に対してアクションをしたわけ。普通の中学生と同じことすると校則違反になるなんておかしい、障害があるからって、同じ中学生たちが普通にやっているように放課後、友達と遊ぶことができないのはおかしいでしょう、障害があったって一生に一度の中学時代を謳歌しなきゃって、特学の保護者と子どもたち集めて、放課後に遊ぶ『ポテトの会』っていうグループを作ったんだ。ちょうど2000年に」

年間を通してプログラムを作り、ボウリングに行ったり、季節の行事をしたり、会報を発行したり。そのほか、会員同士の家へ遊びに行き合うこともあるし、スーパーの買い物や映画、カラオケなどに行くことも。親同士の勉強会も企画した。

しかし、そうやって団体で活動してみると、障害者というだけで、公共施設を借りるときにいろいろな注文や制約をつけられたり、電車やバスで移動するときに差別的な視線を感じたり、そんな生きづらさを感じることが多かった。

それでもおばちゃんは、続けてもうひとつの会を立ち上げる。

「学校5日制が始まったとき（2002年4月）に『スマイルクラブ』っていうのを作ったのよ。土曜の登校がなくなるっていうのは、障害児にとって死活問題だからね。障害のある子は、少しでも学習の機会が減ると、すぐにできなくなってしまうから。それで、今まで通り土曜日にも学習できる機会を保障しようと思って」

『スマイルクラブ』は、国語や算数だけでなく、英語や音楽など、楽しい学習も交えて活動し、常時30人近くが参加していた。

『ポテトの会』も『スマイルクラブ』も、公的な支援は得ていない。知的障害児の余暇充実支援、学習支援という意義のある活動にもかかわらず、活動資金はおろか、定期的に使える活動場所の確保さえままならない。おばちゃんをはじめとする保護者や支援者があちこち駆けずり回って、やっと場所を見つける日々。無給の講師ボランティア確保も同じだ。

「でもね、世の中には奇特な人もいるんだよー。現役の教師や子育てサークルの人とか、人形劇やってる人とか、けっこういろんな人がかかわってくれた」

こういった活動の打ち合わせ場所はいつもおばちゃんのマンション。

「おかげで、いつも我が家に誰かしら集まっている感じ。毎週末は大宴会だったね」

今のサポハと同じだ。

サポートハウスが出来た理由

困った人を受け入れる

ふたつの団体を主宰するようになったおばちゃんは、気がついたら、保護者仲間の誰かが困っていると知ればすぐに相談にのり、母親が職を探すと知れば子どもを預かり、来客が夜遅くまでいれば晩ご飯を出す、そんな日々を送るようになっていた。

そのうち、保護者仲間だけでなく、困った人がなにかしらのつてをたどって訪ねてくるようになり、彼女は、そういう人たちをすべて受け入れていく。

親が急に入院することになったら、その子どもを2週間くらい預かったり、青森まで長距離トラックで行かなきゃいけないシングルマザーがいたら、帰ってくるまで子どもを預かったり、父親が亡くなり母親が夜の勤めに出たら、その間、小学生の子どもが盛り場をウロウロするようになったと聞いて、その小学生を連れてきて面倒を見たり。自殺未遂騒ぎを起こした外国人の母子を助けたこともあった。

聞けば聞くほど、切羽詰まった人を助けた話が、世間話のトーンでゴロゴロと出てくる。

「自然とそうなっちゃったのよ。だって目の前にいるんだから、ほっとけないよ」

しかし、そんな生活は、彼女の家計をパンクさせてしまう。

「気がついたらさ、我が家の光熱費や食費がすごいことになっていて。これはもう、ちゃんとカタチを作ってやっていかないとダメだな、と」

こうして、おばちゃんはサポハ設立を思い立つ。

だが、開設理由はこれだけではない。前出のアリサの存在も理由のひとつだし、仕事を通じて出会ったある出来事の影響も大きかった。

彼女はその頃、在宅老人専門の介護ヘルパーだったが、時折、介護施設に応援に行くこともあった。そんなある日、応援で行った施設で、胃ろうの人たちばかりの部屋の担当になった。胃ろうというのは、寝たきりの人の胃に直接、管で栄養を流し込む医療行為のことだ。

「施設に行くことはよくあったからね、慣れたもんよ。だから、ほかの部屋と同じように、いつもの要領でそこにお茶を交換に行ったの」

部屋に入った瞬間、しかし、文字通り身が固まってしまったという。

「ただ、心臓だけが動いているような人が、10人ぐらい並んで寝ていて。誰もお茶なんて飲まないのよ、ほとんど意識ないんだから。話しかけたって反応はないし、ただ、生きているだけ。その人たちを横目で見ながら、昨日のお茶を、また新しいのに取り替えて」

そこには1週間の約束で通っていたのだが、そんな毎日に、さすがの彼女も憂鬱になり、ふさぎ込んでしまった。

「入浴なんてさ、寝たまま機械で持ち上げられて、風呂桶に浸けられて入るんだよ……」

しかし、フェイスシートという一人ひとりの書類を読むと、そこには詳細に、その人たちが今までどんなふうに頑張って生きてきたかが書いてある。

「それを見て思ったのよ。これだけの人生を生きてきた、この人たちの最終章を、私ごときが受け持っていいのだろうか。私みたいな人間には、この仕事は重過ぎるって」

そして、介護ヘルパーを辞める決意をする。

「残りの人生、私だってどのくらいあるかわからないけど、私はこれから将来を描く子どもたちの支援がしたい、それを仕事にしよう、と思ったんだわ」

40歳のときだった。

とにかく自分がほしかった支援を作ろう、と彼女は考えた。つまり「すべての垣根を取り払った支援」だ。支援施設開設のアイデアを、まず最初に、一緒に暮らしていたおっちゃんに話した。籍は入っていないが、同居する彼が首を縦に振らなければ本格的な支援活動は始められない。

「ええんちゃう」

おっちゃんは、あっさり答えた。

ごく普通の勤め人だった彼は、今でも、「サポハは自分にとってはただの我が家」と主張し、「俺は日常生活をしとるだけや。活動には関係ない」というのが決まり文句だ。

だが、サポハをよく知る人は、「サポハ（のキーパーソン）は意外とおっちゃんやで」と言う。

前出のリカもこう語る。

「おっちゃんはいるだけでいい。なんか、安心する。居心地がいいっていうか。だって、何も言わなくてもわかってくれているから。わかっていて、何も言ってこない。でも、いつも見ていてくれるし、必要なときは手を差し伸べてくれる」

アリサも言う。

「おっちゃん大好き。だって楽ねん。何も言わんし、わかっとんし」

彼は、サポハのソファーのような存在だ。何も言わずそこにいて、そしてみんなを包んでいる。

助成金、補助金無しで設立

さて、パートナーの了解を得たおばちゃんは、住んでいるマンションを引き払って一軒家を借り、本格的な支援活動を始めようと動き出した。

「生きづらさを抱えている大人や子どもには『家』が必要だと思ったからね。マンションの一室じゃなくって、ぼろくても小さくてもいいから一軒の家を拠点にして、そこで一緒にご飯を食べて、生活しながら支援するべきだと考えたのよ」

しかし、いくら探し回っても、貸してくれるところが見つからない。

大阪から来たよそ者で、会社にも勤めておらず立派な保証人もいない。そんな「どこの馬の骨かもわからない」人間ゆえに、なかなか物件を借りることができなかったのだ。いざ、貸そうかという人がいても、事情を説明すると、「子どもの出入りが多いと家が傷むからダメ」と言われたり、「お金を取るのなら、それは商売だから店舗価格になる」と言われたりで、家探しは難航した。

しかし、あきらめかけていた時、今の家を貸してくれる大家さんに出会う。昔からの知り合いに家探しをしていることを相談したら、たまたまその人自身が、売ろうと思っている物件を持っているということがわかったのだ。

「古いし風呂もないからこわして土地だけ売ろうと思っていたけど、どこも貸してくれないのなら」と、その人は言ってくれた。

「捨てる神あれば拾う神ありって言うでしょ。ホント、ありがたかったよ」

こわそうと思っていたという築60年の小さな家だったが、おばちゃんには充分だった。

「ま、それでその家に風呂つけたり直したりして。いろいろいじったけど、知り合いに頼んだから安く済んだよ。全部で120万くらいでやってもらった」

助成金やら補助金やらはまったくない。すべてが個人資金だ。

「そもそも制度の隙間にこぼれてしまう人のための場所がほしくて、そういう壁を取っ払った支援がないから自分で始めたわけなんだから、うちに合う助成金やら補助金やらなんて、あるわけないのよ」

本当にしんどい人に寄り添おうとする人が、援助を受けられない。それが現実。

しかし、彼女はそんなことにはこだわらない。

「そりゃ、今までだって、周りで、なーんか立派なこと言って、NPO立ち上げて助成金だの補助金だのもらっていく例なんて、山ほどあるよ。で、実際に何やってるかっていえば、たいしたことはやってない。何やっとるんじゃい！　って思うことはある。あるけど、しゃーない。その人たちはその人たちの考えでやっているんだから。まあ、これからも、サポハはなんにももらわないでやっていくよ。私はあんな細かい申請書類やら報告書やら、よう書かん。じゃまくさいわ！」

サポハは前述したように、１食５００円・１泊３０００円・１か月６万円。子育てや障害、あるいはＤＶや生活困窮に関することなど、あらゆる相談に３６５日２４時間対応する。しかも相談料はとらない。世間一般では、レストランで食事をすれば１食数千円、きれいなホテルに泊まれば１泊数万円、弁護士や臨床心理士などの相談も費用はかかるだろう。それに比べたら、破格の料金設定だ。

「だって、困った人がお金もないのは当たり前の話なんだから、最低限のお金でやるしかないでしょう」

こうして、常識破りの民間施設・日常生活支援サポートハウスは誕生した。

第4章

償《つぐな》いのサポートハウス

母子として最後の写真

母子解散。おばちゃんの決断

息子を罰してください

マサハルが高校1年生の冬のある日、突然サポハにふたりの刑事が現れた。

「ちょっとご同行願いますか」

何もわからないまま息子マサハルと一緒に警察に連れて行かれたおばちゃん。それから延々、合計8時間の取り調べが続いた。取調室で、おばちゃんはマサハルと自分が連行された理由を初めて知る。

学校をサボったマサハルは、コンビニエンスストアのトイレで、ゴミ箱に火の付いた煙草をわざと押し込んだ。その後、店内に煙が立ち込めるのを見計らって119番通報し、自分が第一発見者だと嘘をつき、何食わぬ顔でサポハに戻っていた。ところが、その一部始終が防犯カメラにはっきり映っていたため、通報を受けた警察が、放火事件の容疑者とその保護者であるふたりを連行したというわけだった。

なんということをしてしまったのか。おばちゃんは真っ青になった。

高校に入学してから、何度も問題を起こし自宅謹慎になるマサハルに、毎度こんこんと言い聞かせ、各方面に謝罪し、予防策を練る。そんな日々が続いていた矢先だった。養護学校高等部には陸上部しかなかったため、野球を続けたいという希望を尊重し、母子で必死の受験対策をしてやっと合格した定時制高校（午前部）だったが、もう、謹慎だけではすまされない。

本人は辞めたくないと抵抗した。おばちゃんも辞めさせたくはなかったが、放火事件まで起こしてしまっては、責任をとらせて自主退学させるしかない。勉強についていけず、学校でも浮いてしまうマサハルに、担任の先生はずいぶんよくしてくれたのに。おばちゃんは申し訳ない気持ちでいっぱいだった。

事件は家庭裁判所送りとなり、マサハルは未成年で知的障害があるため罪には問われず、保護者の管理監督のもと更生という判断が下った。

おばちゃんは、家庭裁判所にくってかかった。

「障害があるから罪にならないってどういうことですか。それじゃあ逆差別じゃないですか。悪いことしたんだから、ちゃんと罪にしてください。罰してください」

罪を軽くしてくれと願う親はいても、罰してくれという親はいない。おばちゃんなりの厳しい決断だった。しかし、何度も話し合っても、最終的におばちゃんの論理は家庭裁判所には通じず、説得されて、彼女はしぶしぶ示談に応じた。その結果、マサハルが火をつけたトイレの修繕費用140万円を、保護者であるおばちゃんが支払うことに。

「お金がないので、毎月2万円の返済でお願いして、6年かかって払ったよ」

ギリギリの生活の中、毎月2万円を長年払い続けるのは厳しかった。

どうしても赦《ゆる》せない過ち

高校を辞めざるをえなくなって「これからどうなるのだろう。この先この子はどう生きていけばいいのだろう」と愕然としたおばちゃんだったが、マサハルが中学2年生の頃からつながっていたフリースクールと、そこと関連する塾などが受け入れてくれることになり、そこと一緒に、彼の1週間の活動時間割を作って仕切り直すことにした。

「このときは、ホント、私たち親子は人に恵まれている、とありがたかったよ」

おばちゃんは、周りの人たちの支えを得て、家を一歩出ればそこはマサハルにとって「廊下のない学校」なのだと気持ちを切り替えた。

時間通りにバスや電車に乗り降りし、寄り道せずに目的地に着く。それがマサハルにとっての廊下。目的地である学習の場が教室。そう考えれば、町それ自体がマサハルにとっての学びの場だ。なにしろ知的障害のある彼にとっては、時間通りにバスに乗り降りすることさえ、乗り越えるべき学習課題なのだから。

フリースクールに紹介されたNPO法人にも、何度も体験学習に行かせた。

そのNPO法人は「人間には、老若男女と同じように愚者と賢者もあるが、そのどちらも命の尊さに違いはない」という理念に共鳴した人たちの集まりだった。彼らは、ある地域で、1家族に2~3人の障害児（者）や被虐待児等を受け入れ家族として暮らすことで、その理念を実践していた。

おばちゃんはその考えを知るやいなや感激して、県外ではあったが、すぐに飛んで行った。実際に行って、見て、話を聞き、体感し、強い衝撃を受けた。

「人々の中で障害者が普通に働きながら暮らす、こんな世界がこの日本にあるんだ。考えられない。本当にあるんだ」

そして、心の中に深い安堵がひろがっていった。

おばちゃんは、提唱者の著書を読んだり、何度も見学に行ったりして、その理念に傾倒していった。サポハのやり方は、このNPO法人の影響が大きい。サポハを始めた後も、サポハのメンバーを引き連れて何度も通った。

マサハルも、その場所が大好きだった。マサハルは、そこに行くと、いつもとてもいい顔をして帰ってきた。

「思い切って、あそこに預けてみようか」

フリースクールに通い始めて1年を過ぎた頃、おばちゃんはそう思い始めていた。実は、時が経つにつれ、マサハルを受け入れてくれたフリースクールでは、問題ばかりのマサハルを少しずつ持て余すようになっていた。そこは、残念ながらマサハルのような知的障害者を受け入れる体制が整った場所ではなかったのだ。

だが、障害者が地域に溶け込んで暮らしている、あの場所なら大丈夫じゃないか。親元を離れて暮らしたら、問題を起こさず、しっかり生きられるんじゃないか。彼女はそう考えた。

元々熱心に通っていたので、NPO法人との話はすぐに決まった。受け入れ家庭で衣食住のサポートを受け、日中は畑仕事などの作業に励む。マサハルは、そこで、そんな日常生活を送ることになった。

1年目は順調だった。しかし、2年目に入った頃から、彼はここでも問題を起こすようになっていく。最初は、自分の部屋をゴミ屋敷のようにしてしまうことから始まった。

「サポハでは、そこはしっかりやっていたので信じられなかった。ショックだったよ」

どうしてこんなことになってしまうんだろうと考えて、おばちゃんはあることに気がつく。サポハに来る障害児の親が、「しつけはきちんとできています。掃除もできます」と言って子どもを置いていくのに、一緒に暮らしてみたら全然できないということがよくある。「お風呂もちゃんとひとりで入れます」と言うが、サポハで風呂に入れたらまったくできないこともあった。

「マサハルもそれと同じだ」とひらめいたのである。

「障害のある子は、慣れ親しんだ自室なら片付けられる、自宅の掃除機なら使える、自宅の風呂場なら覚えた通りの手順で入れる。だけど、どんなシチュエーションでも、片付けたり掃除機をかけたり風呂に入れたりできるというわけではないのよ」

マサハルも、サポハにいるからできていただけで、サポハと違う状況では、それができなかったのではないか。それでじわじわと部屋が汚れ、ゴミ屋敷のようになってしまったのだろう。

「障害って、そういうことなんだわ」

おばちゃんはため息まじりにそう言った。その後も、心配していたマサハルの悪い癖が少しずつ顔を出した。受け入れ親に小さな嘘を重ねる、一緒に暮らしている子のお菓子を盗む、そんなことが繰り返されるようになっていったのだ。それでも、受け入れ家庭では辛抱強く、マサハルとともに、家族として暮らし続けてくれた。

だが、マサハルは決定的な事件を起こしてしまう。

「マサハルを引き取ってほしい」という連絡があり、理由を聞くと、マサハルは取り返しのつかない過ちを犯したというのだ。電話の向こうの、受け入れ親の声は怒りに震えていた。

「私たちは、提唱者の理念に感銘を受け、障害のある人たちとともに暮らすことを生涯の道としていましたが、マサハル君が犯したことは、人としてどうしても赦すことが出来ない」

詳細を聞かされたおばちゃんは、返す言葉がなかった。

「受け入れた人たちの心情は計り知れないものがあったと思うよ」

おっちゃんの運転する車で、彼女はマサハルを迎えに行った。ずいぶんと後で、おっちゃんは告白した。

「帰りの高速道路で運転中ずっと、このまま車ごとぶつかって死のうかと思っていた」

思いとどまらせたのは、おばちゃんとマサハルの寝顔だった。助手席で疲労困憊して寝ているおばちゃん、そして後部座席で寝ているマサハルの寝顔を見たら、どうしてもできなかったという。マサハルを金沢に連れ帰って、おばちゃんは途方にくれた。

「これからどうすればいいんだろう」

とりあえず、金沢大学病院精神科の思春期外来を訪ねると、医師からこう言われた。

「この人は、一生、福祉の中で生きていくしかないですよ」

親として死に、支援者として生きる

おっちゃんとふたりでマサハルを迎えに行った日、おばちゃんはマサハルの母親であることをやめた。マサハルのしたことは、人として断じて赦せなかった。

「障害があろうがなかろうが、そんなもんは関係ない！

あのとき、私は心の中で死を選びました。

そんな子を産んだ親としての責任として。

それは償い？

それとも懺悔？

よくわからないけど、
あの時から親としての私は死んだのです」

母子解散。それは、これからも生きて暮らしていくために必要な選択だった。

母親としての自分を殺さなければ、マサハルに対する怒り、恨み、つらみ、あわれみ、愛情など複雑でさまざまな感情につぶされ、自分はやっていけない。マサハルはサポハの利用者。手がかかる知的障害者。そう思わなければ、これから支援者として一緒に暮らしていくことはできない。

それ以来、彼女は今でもその関係を頑として崩さない。だから、２００６年のその日から今日までずっと、マサハルには自分を「お母さん」ではなく「山本さん」と呼ばせている。

数年後、おばちゃんは前出のミズキ同様、マサハルに成年後見をつけた。成年後見には３種類あり、ミズキには後見人がついたが、マサハルの場合は補助人がつく。ある弁護士がこの役を受けてくれたので、マサハルの金銭管理、１万円以上の契約や物品購入に関しての管理監督はこの弁護士がすることになる。

成年後見にした理由は、マサハルの言動だ。マサハルは、自分の障害基礎年金を管理していたおばちゃんに対し、「俺の年金を独り占めして渡さない」と事実とは違う不満を言い続け、あげくの果てに、「山本さんが年金を使い込んでいる」と、市役所や事業所の職員、周りの友達に言いふらしたのだ。

ほかにも、携帯電話をすぐ勝手に契約するので、その都度高額の支払いが来るし、すぐ救急車を呼んで搬送されるので、毎月平均２万円以上の病院の支払も絶えない。

「もう、私だけでは手に負えない状態になってきたから、マサハルについてくれていた相談支援員と話して、成年後見を申請することにした。申請の手続きは、司法書士さんに頼むと相当費用がかかるっていうから、お金の節約と今後の勉強にもなると思って自分たちでやったよ」

　現在、補助人が管理している残金は10万円にも満たない。マサハルは就労移行訓練中で月々の賃金は１万円。頼みの綱は、実質毎月６万円程度の障害基礎年金だけだ。携帯電話は、補助人が格安のものに契約変更したので月数千円ですんでいるが、病院の２万円強の支払いは続いている。おばちゃんはサポハの代表として、月１回マサハルの利用料を受け取るほか、小遣いや煙草代など必要なお金を預かり、マサハルに渡すことになっているが、お金のやりくりは厳しそうだ。

「でもまあ、補助人がついたことで、私が年金を取り上げているとは一切言わなくなったから、それだけでも助かっているけどね」

盗み続け、嘘をつき続ける

マサハルの盗癖と嘘は、中学の頃から始まった。

最初は自転車を盗んで乗り回し、走っている車の前に倒れこみ動かないということをよくやった。運転手が降りてきて「大丈夫ですか」と声をかけても反応しないので、119番通報して運ばれる。そしてぶつかってもいないのに倒れたことと自転車を盗んだことがばれる。何回も同様のことがあり、その都度おばちゃんは菓子箱を持って謝りに出かけた。なかでもおばちゃんが一番つらかったのは、同じ中学の子の自転車を盗んだときのことだ。

「その子の家に謝りに行ったら、玄関先でその子に土下座させられたんよ。中学生に罵声を浴びせられながら、何度も地べたに頭こすり付けて謝ったよ」

家の奥からその子の祖母が出てきて、「もういい加減にやめなさい。相手のお母さんもこれだけ謝ってくれているのだから」と止めに入ってくれ、やっと立ち上がることができた。ところが当のマサハルはその間ずっと、横でぼーと立ちすくんでいただけだった。

それから現在に至るまで、マサハルの盗癖と嘘はくり返されている。おっちゃん、おばちゃんの財布からお金を盗む。サポハにいる子のゲームや煙草を盗む。友達の財布から、知り合いの人の財布から、作業所の同僚の財布からなど、あらゆる場所で数百円から数万円のお金を盗み続ける。

しかし、どの人も、おばちゃんとの関係性から大目に見てくれたり、大騒ぎになることを避けたいという思いがあったりして、被害届は出さない。

このことを、おばちゃんは納得できずに歯がゆい。

「罪に問われないで、痛い目にあわないからくり返すんだから。障害があっても自分のやったことは責任取らないと。だから自分が盗まれたお金の被害届を出したい」と警察にかけあったこともある。しかし、親子関係では被害は成立しないと断られてしまった。そこで、サポハにいる子のゲームを盗んでリサイクル屋に売りさばいたときには、すぐ警察に通報した。それは罰金刑になったが、マサハルの盗癖はおさまらなかった。

「罰金刑ではダメなんよ。自分で罪を償わないと」

盗みのほかに、いろいろな嘘もマサハルはくり返した。

自分で自分の前髪や眉毛をハサミやカミソリでザクザク切って「先輩と同級生からリンチを受けた」と言ったり、路線バスのドアが肩に当たったと病院で診断書をもらって人身事故まがいの騒ぎを起こしたり、「自動販売機のジュースが出ない」と電話をかけお金をだまし取ろうとしたり、「買ったものに異物が入っていた」とメーカーに電話をしたり、車が接触してケガをしたと嘘の110番通報したり。その度にマサハルは学校や職場で厳重注意を受け、おばちゃんは先方に謝罪し後始末をする。

「おっちゃんに暴力を振るわれた、殴られた、虐待を受けたから被害届を出す」と言って、警察に訴えてしまったこともあった。

「マサハルが被害届を出すというのなら、私は裁判を起こしてマサハルを訴えると警察に話したよ。だって、まったく事実無根なんだから」

と、おばちゃんは腹に据えかねる様子だ。

それ以外にも、出まかせで救急車を呼んだことは数えきれない。救急車を呼びさえすれば、救急隊員にかまってもらえて車に乗せられ病院に連れて行ってもらえる。病院では看護師さんがやさしくしてくれる。そのことを覚えてからマサハルは頻繁に救急車を呼ぶ。月に何度も出動させられるので、救急隊はマサハルの電話番号も顔も覚えている。おばちゃんは、消防署に「マサハルの電話を取り合わないでくれ」と頼んでいるが、本人が痛みを訴え騒ぎ立てれば、そうもいかない。最近では近隣の小松市まで行って救急車を呼ぶようになった。小松市の消防はマサハルの情報を知らないから、しのごのいわずにすぐに病院に搬送してくれる、とマサハルはわかっているのだ。

搬送された先では、たくさんの検査が待っている。血液、レントゲン、CTなどの検査の間、ずっと患者としてやさしく扱われマサハルは満足するが、後からまた高額な医療費請求が来る。もちろん、検査結果はすべて異常なし。

「当たり前や。仮病やからな」と、おばちゃんは吐き捨てる。

マサハルは、精神科の継続治療も受けており、過去に2回入院もしている。

つい最近も仕事をサボったり救急車を呼んだりというのが頻繁になり、しまいに「自分がおかしいから入院したい」と言いだして、かかりつけの病院に緊急避難的に入院した。

いったん現実社会から分離して、携帯を持たせず、刺激のないところで情緒を安定させ、薬の調整をしてから日常生活に戻そうというのがそのときの医師の判断だった。盗癖があるので、閉鎖病棟の隔離室で鍵をかけられて毎日を過ごす。ただし、この病院からは、過去の入院中の問題行動から、2週間以上の受け入れはしないと言い渡されている。

「主治医もわかっているんよ。入院したからといってマサハルの問題行動がおさまることがないのは……」

主治医によると、「今までずっと、服薬を調整したり、本人と話したりしてきたけれども、マサハルをコントロールするのは不可能に近い。とにかく、だましだまし現状維持をするしか方法はない」と言う。

「誰もどうしようもないっちゅーことや。まあ、しゃーない。心労が絶えないのがサポートハウスですわ！　悲惨すぎて笑えるやろー。いつまでこんな生活が続くやら。もう、何もかもイヤになることもあるけどな、やっていかなしゃーないもん。近くの日帰り温泉行くのだけが楽しみよ」

おばちゃんは、どんなつらい話でも、最後に必ずこうしてすべてを笑い飛ばす。

償いのサポートハウス

「マサハルはさびしいんよ」

マサハルは、なぜこんなにも問題行動をくりかえすのか。

本人は言う。

「ホントは山本さんをお母さんって呼びたいのに呼べないとか、いろいろあって、後は、サポハでワーって怒られたり、ほかにもイヤなことがあったりすると、それでストレスがたまってしまってやってしまうんです。山本さんやみんなを困らせたいという気持ちでやってしまうんです」

おばちゃんはこの弁解を言下に否定する。

「言語能力だけは高いから、聞かれたらそんなふうに表現するけど、実はマサハルのやることにはどれも深い意味はないよ。いろいろ言うのはすべて後からつけた理屈だから、自分を正当に見てもらいたいから、そのときによって言うことが違う」

スタッフの森さんは言う。

「わしらがもっとやさしくしたればいいんかもしれんけどな。一定時間だけ相手しているだけなら、『支援的に』とか『肯定的に』とか言ってられるかもしれんけど、サポハは四六時中一緒におる生活の場やから。やることとやらんで、『めんどい』『やりたくない』ってごろごろしているのを見ると、腹が立ってつい冷たくあたってしまう」

実際、マサハルがサポハで怒られるのは、みんなで分担している家事をしなかったり、作業所に遅刻する時間まで寝ていたりして、生活のルールを守らないからで、怒られて当然のことばかりだ。けれど、心が幼すぎる彼には、それがストレスになってしまうのだろうか。

おばちゃんは反論する。

「そんなもんサポハで怒られなくたって、友達とのやり取りや、職場にいるときや、外歩いてたって、なんぼでもあの子のストレスになるもんはある。だけど、だからってなんでもやっていいってことにはならんでしょう」

盗みの方は、煙草が買いたいとか弁当が買いたいとか日帰り温泉に行きたいとか、そういう単純な感情が引き金だとおばちゃんは分析する。

「マサハルは衝動性が強く、自分の欲求を抑えられない。ほしい物はほしい！　やりたいことはやりたい！　善悪の判断はできるけど、自分の気持ちや感情をコントロールできない。そのことが、さまざまな問題行動を起こしてきている。いろんな物事が点であり、それを線でつないでいくことができない。だからくり返す」

自分の感覚的なものだけれど、とおばちゃんは前置きして続ける。

「人間も動物なので、知的障害の場合、時には理性より動物としての本能の部分が勝ってしまう。良く言うと、単純明快で裏表がないありのままの自分で生きている。マサハルはそれだよね。だけどそんな人だらけだと、社会生活は成り立たない。それぞれがルールを守っているから、人間の生活が成り立っているんだから」

やりたいことをやっても、小さい頃なら子どものいたずらですむだろう。だが、成長した後はそうはいかない。

お小遣いが足りないから、その辺にあるお金をとって使う。自分に注目してほしいから嘘をつき被害を訴える。やさしくしてほしいから救急車を呼び病院へ連れて行ってもらう。自分の願いを叶えるためのそれらマサハルの行動は、社会的にはルール違反の迷惑行為。つまり犯罪だ。

「昔はあんなじゃなかったんだけどねー」

同じ施設で暮らしたアリサが証言する。

「マサハルはいい子だったよ。家事もやってたし、周りの子たちにもやさしくて、あんな自分のことばかり考えているような子じゃなかった」

「そうやね。ひどいいたずらもしてたけど、おやつをみんなに分けておいたりして、やさしかったな。だけど、やさしいのもマサハル、盗んだり嘘ついたりするのもマサハル。反省して作業所で一所懸命働くのもマサハル。救急車呼びまくるのもマサハル。どれもマサハルの現実や」

そう言うおばちゃんの表情には、マサハルに対する複雑な感情がにじみ出る。

アリサは、マサハルが変わってしまった原因をこう推測する。

「マサハルはさびしいんよ。おばちゃんは忙しいから、マサハルばっかりかまっていられないけれど、マサハルにとっては、今でもおばちゃんはお母さんだからね、もっと甘えたいし、やさしくしてもらいたいんだわー」

アリサの言葉に、おばちゃんは無言だ。

「人は誰だってさびしさと隣り合わせ。そうだとしても、そんな理由で罪を犯してはいけない。どんなことがあっても、盗んだり人をだましたりすることは許されない」

かたくなにそう考えている。

「私がなにもかも捨てて母親として一対一でずっと向き合ってやれば、あの子は満足なのかもしれない。だけど、それはできない」

サポハを捨てることなんてできないし、母親として死んだという意思も固い。それゆえマサハルのさびしさが癒されることは決してない。マサハルはそれが悔しくておばちゃんを困らせるが、困らせられれば困らせられるほどおばちゃんの心は凍っていく。

おばちゃんはおばちゃんで、周囲に自分の想いが理解されないしんどさを抱えている。

家族に決まったかたちなんてない。親が絶対に子どもを育てるべきとは限らない。そうでない方法のほうがうまくいくことだってある。

「うちに来る子なんてそんなんばっかりよ。下手に親がいる方がうまくいかないことも多いよ」

おばちゃんは、自分の場合も、マサハルを自分とは違う支援者に預けたほうがいいのだとわかっている。しかし、盗癖と虚言癖と犯罪のおそれがあるマサハルは、どこにも引き受け手がないのだ。作業所の寮に入ったこともあるが、やはり盗みをして追い出された。これだけの問題行動があると、グループホームにも入れない。だからサポハの利用者として置き続けるしかない。

そういう現状なのに、どんなに「自分はサポハの代表でマサハルはサポハの利用者」と言っても、周囲はおばちゃんにマサハルの母として行動することを求める。母親なんだから責任を。母親なんだからもう少しやさしく。母親なんだからもう少し面倒見て。母親なんだから……。

「だから孤独よ。そのへんは誰にもわかってもらえない。私は親としてやれることはやり尽くした。母親としては、死ぬまで生ける屍《しかばね》でしかない」

マサハルが生まれてから30年以上、母として支援者としておばちゃんは出来る限りのことをしてきた。今となっては、医者も含めて、周りはマサハルにお手上げ状態。でもその八方塞がりの中で、少しでも何とかならないかと考えて、周りの人たちはマサハルのために動いてくれている。

「マサハルには、人として、人間として生きてもらいたい」

おばちゃんの切なる願いはいつか叶うのだろうか。

罪を背負って、償う

現在、マサハルはいくつかの罪の裁きを待っている状態だ。

まずは2017年8月におこした作業所での盗み。更衣室にあった同僚ふたりの財布から1万円ずつを盗んだ。おばちゃんの意向もあって、この件は警察に被害届が出され事件になった。次に、同年11月、精神病院を退院してすぐに「スーパーマーケットが火事だ」と2回に渡って嘘の119番通報をしたこと。最初のときは実際に消防車が出動して大騒ぎになり、その数日後の2回目は不審に思った消防がスーパーに問い合わせて嘘だと判明した。

続く12月。今度はクリスマスの日にデパートのトイレでトイレットペーパーに火をつけ、自ら119番通報し事件に。これはいくつかの新聞記事にまでなった。

おばちゃんはこれまで、障害を持つ人が罪を犯したという報道を目にするたび、その背景を想いやって、いたたまれない思いをしてきた。

「私にとっては人ごとじゃない。親御さんは一体どんな思いだろうって……。マサハルの新聞記事を見たって、世間の人には、ただ変な人がとんでもないことをやったんだなという印象を持つだけの話だよね。でも実際には、ひとりの人間が罪を犯した時、どれだけの人に迷惑をかけ、心配をかけ、イヤな思いをさせるか。そしてその後始末が、それをする側の精神状態も含めてどれだけしんどく大変か。障害を持つ加害者の家族の支援も必要だよ……」

おばちゃんが、珍しく弱音めいたことをひとり言のようにつぶやいた。

一方、事件後、毎日のように刑事さんに送迎され取り調べを受けているマサハルの方は、落ち込んでいる様子はない。

「知的障害があるから、配慮されると思っているんだわ」と、おばちゃんは突き放したように言う。

「ものを盗むな」「嘘をつくな」「救急車を呼ぶな」

これまで、おばちゃんをはじめ何人もの人が、入れ替り立ち替り誠意を尽くしてマサハルに言い聞かせてきた。マサハルは、言われたときは殊勝に反省し、「もう絶対にやらない」と約束するが、しばらくするとまたやってしまう。周囲の人たちは「今度こそ」と信じて、また裏切られる。それを15年以上繰り返してきた。

「今度の事件だって、警察が『今の段階では逮捕は無理です』なんて言うからさ、『納得できないですね。どんな小さな子どもにだって泥棒したら捕まるんだよって言い聞かせるでしょ。してはいけないことをしたんだから、さっさ逮捕してください』って言ってやったよ。警察の人は唖然としていたけどね。障害だから罪にならないなんてどうなんだろう。みんな平等に、悪いことをしたら罪になる。それがあたりまえでしょう」

知的障害者に責任能力を問うことの是非は意見の分かれるところだが、だれも自分の子を好きこのんで罪にしてくれなんて言わない。マサハルを罪に問うべきという主張は、刑務所生活を経験するしか悪い癖を直す方法はないという、おばちゃんの究極の選択なのだ。

生活全部を捧げた体当たり損得抜きの支援で、多くの家族を支え続けているおばちゃんが、自分の子には長年手を焼き続けるというのは皮肉なことだ。

しかしマサハルがいなかったら、サポートハウスは生まれなかったし、おばちゃんが支援者になることもなかっただろう。人は何かの使命を帯びて生まれてくると言うが、おばちゃんにサポートハウスを始めさせ、多くの行き場のない人たちを受け止め、救い、支え続ける活動をさせることが、マサハルの持って生まれた役割なのか。

「私は支援者だから、マサハルのことは一般の親よりもっとしんどい。支援者の人が自分の子どもがマサハルと同じことをしたと仮定して考えたら、私の気持ちも少しはわかってもらえるかなあ。まあ、よくぞここまでやってくれたもんだと思うよ。今となっては、マサハルを責める気持ちも恨む気持ちもない。マサハルを責めたり恨んだりすることで、余計に自分が苦しくなるし、心が崩れていくから。だけど思えばおかしなもんで、そんな苦労の積み重ねが、サポートハウスの土台と原動力になっている」

自分はサポハの代表、マサハルは利用者。母親としての自分は死んだと言いながら、心の奥底では、「マサハルが犯した罪を私は一生背負っていく。背負って償っていかなければいけない。一生背負い続けて墓場まで持って行く」とおばちゃんは考えている。

サポートハウスを始めた頃は、目の前の困った人を放っておけないとか、弱い人たちに対する世の中の理不尽に抗う気持ちもあった。だが最近は、もしかしたらサポハを始めたのは、自分自身のためだったのかもしれないと感じている。

支援が必要な人たちや子どもたちの陰に隠れて、自分自身が罪を償っている。恩をこつこつとお返ししている。そう思うようになった。

「私はこれまでたくさんの人に助けられてきた。支えられてきた。それがあったからこそ今、生きることができてる。っていうか生きてる！　そんな私がこれからも生きていくなら、ひとりの支援者として、困っている人たちのサポートをしていく。そんなことで罪が償えるのか、いただいた恩を返せるのかはわからないけれど、その道しかない」
還暦に向かってまだまだ頑張るよ！　おばちゃんはそう言って笑った。

第5章 人と人がつながるサポートハウス

サポートハウスの基本は生活

人がつながる居場所

マサハルや利用者に日々振り回されながらも、サポハの毎日は今日も続く。「基本は生活」とおばちゃんが断言する通り、サポハでは、どの子も家事を担う。日々当たり前にやることを、当たり前に。まずそこから始まる。

掃除機は隅っこまで丁寧にモノをどかしてかける。洗濯物はパンパンと広げて、少ないときは洗濯バサミひとつおきに干す。食器を洗うときには水を出しっぱなしにしない。そういった細やかな家事の方法を、ひとつひとつ教えていく。

「教えると言ったって相手は理解しがたい宇宙人ばっかりやからなー。もう、大変よ」

サポハは受け入れる子を制限しない。障害がない子もある子も、健康な子も心や身体を病んでいる子も、保育園児も20才を過ぎた子も、小学生も高校生も、ときには親さえまとめて面倒見る。

利用形態もさまざまで、長期で住み込む子、短期滞在の子、その日だけの子、イベントだけ、食事だけの参加、一時預かりなど多様な関わり方をする子たちがいる。そこにボランティアとして長期滞在する若者、旅の途中で数日過ごしていく人、サポハを知るために泊りに来る人などが加わることも。

そんな多様な人たちがひとつ屋根の下で生活をするのだ。いいことだって悪いことだって山ほどある。利用者同士だけでなく、スタッフやボランティアも、お互い冷静でいられない。泣いたり笑ったり怒ったり悲しんだり。相性の良くない相手もいるし、感情的な行き違いだってある。

「誰もが集える居場所を創る」

そんな耳触りのいい言葉が実際にはどれだけ大変なことなのか、目のあたりにできる現実がここにはある。

「ともに暮らし生きていくというのはどういうことなのか。感情を振り回し、それは自分自身に常に跳ね返り、それでもともに生きていくサポハの仲間たち。ともに生きるというのは、ある意味、人と人とのぶつかり合いでもある」

おばちゃんは言う。

「言ってみれば、社会に出る前の小さな社会よ」

おばちゃんは、子どもたちのために、活動の場所もふんだんに用意する。知的な遅れがある子、コミュニケーションがむずかしい子、身体的なハンデがある子など、そのときどきにいる子どもたちの実態に合わせて、できることを探す。そのとき仲良くしていたり支援を申し出てくれたりした人の活動に参加したり、公民館などでやっている講座や催しから、お金のかからないものを選んで行かせたり。そうやってサポハには、料理、和菓子作り、乗馬、パソコン、木工、畑、子育てひろばボランティア、地域バザー参加など、バラエティに富んだ活動場所が用意されてきた。子どもたちを送迎するサポハの車も、親しいディーラーさんが、安くていい中古車を真っ先に回してくれ、15万円で手に入れたもの。サポハの保険関係一切を、知恵を絞って一番負担の少ない形でアレンジしてくれる保険代理店さんもいる。

「お金はないけどさ、ここには人とのつながりなら山ほどある。本当に、サポハはいろいろな人に恵まれている。私は子どもにお金は残せないけど、人とのつながりは遺してやれる。多分そっちのほうが大事だと思う」

とおばちゃんは言う。支援を申し出る人たちも、支えながら、実はサポハに支えられている。人の役に立てるというのは、人間の根源的な喜びだ。だから彼らにとってもサポハは大切な居場所になっている。

「人と人とのつながりやコミュニケーションは生きていくうえで最も大切なもの。支えが必要な子どもだけじゃなく、親や大人にとってもサポハのような居場所は必要だと思うよ」

誰もがこまごまとした家事を担い、誰もが大切にもてなされる。なにをやっていると聞かれても、なんでもやっているとしか言えない。支えている人がときには支えられ、支えられている人がときには支える。ほかに例を見ないサポハの日常は、本当に説明するのがむずかしい。

「1回来ただけの人にはわからないよ。ここはグループホームでも授産施設でもないし、療育的な視点から見ていても、サポハの実態は理解できない。おかしなことが入り混じった日々の生活がサポハだもの」

既成のかたちにとらわれず、自然に逆らわず、ともに暮らし、そのときできることをやっていたら、どの範疇《はんちゅう》にもあてはまらない場所になった、そうとらえればいいのだろうか。

「もう、ええがいねー。住んでる私らだってうまく説明できないんだから」

おばちゃんが面倒臭そうに言い、それを聞いた森さんがおかしそうに笑う。

おっちゃんはあいかわらず「俺は関係ない」という風情を漂わせてそこにいる。

この場所がどんな場所であろうとも、とにかく、サポハの人たちは、いつでも、この場所に来るすべての人を温かく迎え、帰るときには必ず「また来てね。待ってるよ」と送り出す。

学生ボランティアだった浜中（現在は弓削姓）香織さんは、サポハをテーマにした卒業論文の中で、その様子をこう表現した。

「私は、サポートハウスのどの子も分けへだてなく受け入れるあの温かさや雰囲気は、簡単には創り出せない奇跡の場所だと思っている」

子育て農業応援団

「畑」は、サポハにとって欠くことのできない要素だ。その畑の活動に大きく貢献した川口健史さんのおばちゃん評は、的を射ている。

「山本さん（おばちゃん）は、女だけど男気のある人だよね。素直で賢い。やさしいし。なんて言うのかなあ。子育てに必要なものをつかみとる本能を持っている。本能と理性の境目がない（笑）。僕は役所勤めだから理屈ばかりの世界でやっていて、だからかなあ、山本さんに会うと無性に関わりたくなるんだよね」

農林水産省に勤務する川口さんは、金沢にある北陸農政局出向中にサポハと出会った。この北陸の地で、子育て中のお母さんたちに食の正しい情報を伝えられないかと、金沢の子育て支援関係者と農業のイベントをするうちに、山本さんとサポートハウスの存在を知った。

「サポートハウスが畑を耕しているって聞いたから、それなら、国の食育推進事業の『教育ファーム』として活動するといいんじゃないかと思って、強くすすめたんですよ」

『教育ファーム』とは、農林水産省の事業で、農を通して食育、親子の育ち合いなどを演出しようという試み。常々畑の活動を広げたいと考えていたおばちゃんには願ってもない話だった。こうして2009年にスタートした「教育ファーム・子育て農業応援団」は、サポハとしては珍しく、公的な補助金を受けての活動だった。その成果は、川口さんの予想以上だった。

「やってみたら、食育以上のものがありましたねー。僕は、行けるときに行って手伝いながら、傍らで見ているだけだったんだけど、いろんな感動的な場面を目撃しましたよ。ハイハイしていた子が、畑の中で歩き方を覚えていったり、『やさい、たべない、きらい』って言っていた子が、畑で自分でもいだキュウリをむしゃむしゃ食べていたり。オクラの実がスーパーに並んでいるのとは、さかさまの形でなるんだって驚いていた子もいたな。支柱にくくられたトマトの茎の中を歩く子どもの目線から見たら、トマト畑はジャングルだしね」

川口さんは、話しながら、やさしい顔になった。

「ホント、畑はすごいですよ」

「子育て農業応援団」パンフレット

金沢は、転勤族の多い土地柄。よその土地から小さい子どもをかかえて引っ越した若いお母さんは、知り合いが誰もいないまま、冬は雪と曇天に閉ざされてしまう。夫は会社に行ってしまうので、自分ひとりで子育てしなければならない。そんな状態では子育てが苦しくなってもおかしくない。そういう人たちを引っ張り出して、畑の活動を通じて、金沢の暮らしを楽しみ、お互いにつながっていってほしいという思いもあったのだという。

この考えにおばちゃんも大いに共感する。

「24時間ひとりで子育てするのは大変だよね。子育てに障害児も健常児もないよ。障害があると、まあ、より大変は大変だけどね。だからそういう人たちにこそ畑に来てほしい」

おばちゃんは、子育て農業応援団が始まってからというもの、つてをたどって休耕畑を借り受け、活動場所をどんどん増やしていった。今では、金沢近郊数か所に応援団の畑があり、それぞれの場所で、それぞれ数十家庭の会員が汗を流している。

サポハの食事にも、たくさんの畑の実りが活かされている。

「ほら、この漬物は畑の菜っ葉を漬けたんだよ」

「ほら、これは畑のピーマンの和え物」

入れ替り立ち替り現れるサポハの客人たちに、おばちゃんは次々に料理をすすめ、

「美味しいねー」

と客人たちが喜んで食べると、心底うれしそうに笑う。彼女は、人に会えばいつも畑のことばかり話している。

しかし、農林水産省の『教育ファーム』事業は2年でその活動を終えてしまう。3年目から、「子育て農業応援団」も、サポハ同様補助金なしの自主運営団体に。畑も増えたのに補助金がなくなってしまってどうしよう、と普通なら途方にくれそうなものだが、そんな様子は露ほども見せないのがおばちゃんらしい。結果的に「子育て農業応援団」は、サポハ同様、明朗簡潔な会費制度で変わらず運営されている。もちろんそれは、おばちゃんの人件費

無視の働きがあってこそ。月2回の活動日のために、自然農法に詳しい森さんを師匠に、週に数回は各畑に通って、作物の維持・管理をしているのだ。

「応援団の畑には、サポハに来た子はみんな連れて行くよ。それだけじゃなくて、中学校からの依頼で、不登校の子も連れて行ったし、精神病の閉鎖病棟にいる子を連れて行ったりもしている。マサハルも畑が大好きだしね。畑はすごいよ。畑をやらせると、その子の持っている、いーい顔になるのよ」

東京の本省に転勤になってからも、川口さんは度々応援団に顔を出している。

２０１４年の夏には、彼は録音機材を担いで畑にやってきた。なんと応援団のテーマソングを作って、ユーチューブにアップしようというのだ。

「もう、私にはわけがわからん。川口さんの持ってきた機械の前に座らされてヘッドホンつけられて、すぐ歌えって言われてさ」

実は川口さん、役所勤めの傍らミュージシャンとしての顔も持っている。カラオケスナックのママだったおばちゃんも、かなり歌がうまい。

そのふたりがタッグを組めば素晴らしい曲ができそうだが、川口さんの話によると、おばちゃんは恥ずかしがって相当抵抗したらしい。

「やろう」

「できないよ」

「やるの」

「無理だって」

「やる！」

けっこうな押し問答の末、おばちゃんがしぶしぶ歌って、「子育て農業応援団の唄」は出来上がった。

そのとき川口さんは、おばちゃんをこう言って説得したという。

ユーチューブ

「今、僕らはいいことをやっているんだよ。いいことをやっているんだから、記録しよう」

川口さんの熱意によって、「子育て農業応援団の唄」は誕生し、ユーチューブにアップされた。動画を開くと、太鼓の音から入って、おばちゃんの歌声が聞こえてくる。そこに、そっと重なる川口さんの声。覚えやすいメロディのフォークソング。

画面には、畑の様子を生き生きと伝える写真が、次々と映し出される。走り回る子ども達、よちよち歩きの幼児、赤ちゃんをおんぶしたお母さん、若いお父さん、おじさんおばさん、外国人、農作業、笑顔、真剣なまなざし、野菜たち、畑、青空。

「畑は、親子にとって、とてもいい環境だと思うんですよ。僕だって、畑に行ったらホッとする。行けば必ずサポハのメンバーがいて、知っている親子がいて、なーんとなく、ゆるゆると役割を与えられて、それをしないで土手に座ってたっていいし、お昼になったら、おにぎりと、菜っ葉のお浸しと、不格好な卵焼きが用意されていて。それを食べながら、寝っころがると、土があって、緑があって、空があって……。生きるってことの本質は、これだよなあ！　なんて思ったりして」

そして、何より、子どもにとって必要な経験がそこにはあると、彼は言う。

「畑の野菜っていうのは、子どもたちが、いちばん最初に育てた命なんですよ。命を育てる経験は、子どもにとって、かけがえのないものです。人間がコントロールできないものと向き合って、種をまいて、夏が過ぎたら、実がなって、それを自分でもいで、むしって食べる。畑をやるっていうのは、子育てでもあり、親育てでもあります」

川口さんは、最後に、おばちゃんがよく言う、同じ言葉を口にした。

「とにかく、理屈じゃないんです」

サポートハウスの社会貢献

注目されるサポハの活動

サポートハウスを立ち上げてすぐの頃、おばちゃんは、アリサや森さんと連れ立って、積極的に全国的な子育て支援者のためのイベントや研修に出かけた。

おばちゃん自身が障害児の親ということもあって、サポハは、発達障害や知的障害など、なんらかの障害を持つ子どもの利用が圧倒的に多い。だから、自分は障害児支援という狭い世界の中にいるのではないかと感じており、広い視野で「外」を見てみたかったのだという。

「とにかく、いろんなことを知りたかったのよ。全国の子育て支援に、サポハと共通する障害児支援の問題もあるだろうし、子育て支援という大きな流れのなかで、障害児支援はどういう位置付けになるのかも知りたかったし」

そうやって積極的に動いた結果、思わぬ派生効果が生まれた。外を見てみたかったおばちゃんの思いとは逆に、彼女がいろいろな場所に現れることで、サポートハウスの実践が、全国の子育て支援者や、少子化対策のために子育て支援を後押ししたい、県（県庁）や国（厚生労働省）の知るところになったのだ。サポハに、今もときどき遠来から見学者が来るのは、そういう事情があるからだ。そしてサポートハウスの存在が知られるにつれ、おばちゃんの肩には、なんだか輝かしい経歴がいくつも乗っかっていった。

石川県バリアフリー社会推進賞最優秀賞受賞（２００６年）。厚生労働省障害者保健福祉推進事業「特別なニーズをもつ子どもとその保護者を支えるために」共同研究（２００８

年）。金沢大学臨時講師（毎年一回・継続中）。

そのほか、行政から任命される各種委員会委員や、さまざまな団体から依頼される子育て講座の講師などなど。

「公的な仕事を全部数え上げろと言われても、ようわからん」

サポートハウスの日常は、相も変わらず厳しい人生を送る人たちに寄り添い、コツコツと子どもたちをしつけ、ギリギリの貧しい暮らしと向き合う、泥臭い毎日。おばちゃんにとっては、だから、そんな晴れの場も日常の延長線上にあるものなのだ。

石川県バリアフリー社会推進賞最優秀賞授賞式のときも、「これは私じゃなくてサポハがもらったもんなんだから、うちにいる子どもたちを一緒に出席させなければ、もらわない」と言い張って、サポハにいる子全員引き連れて、表彰式に出席した。

厚生労働省障害者保健福祉推進事業「特別なニーズをもつ子どもとその保護者を支えるために」共同研究も、ド派手Tシャツにダメージジーンズのいつものいでたちで東京へ行き、全国の子育て支援者、大学の研究者とともに研究に参加した。「厚生労働省のお役人さんとも一緒にご飯を食べたよー。いい人だったよー」と屈託ない。

また、金沢大学には、毎年4月に教育学部に呼ばれて、サポートハウスや、子育て農業応

講師として話すおばちゃん

援団の実践について話しに行く。これには、若いボランティア確保という裏目的がある。

「大学に講義に行くと、何人かはボランティアで1年間ずっと畑に通ってくれる子が確保できるから、ありがたいよ」

子育て支援の講座に講師としてよばれることも、「外貨稼ぎ」と称し、サポハの資金源のひとつと位置付けている。そして「中卒のアタシが、東京へ行って研究したり、国立大学で講義したり、人前で子育てについて語るっていうんだから、人生何があるかわからん！」とそんな状況を笑い飛ばす。

「でもね、そんなことより」とおばちゃんは力説する。

「自慢できるのは、10年以上事故起こすことも子どもにケガさせることもなく、このサポートハウスを運営してきたっていうことよ。私なんか保育士でもなんでもないし、サポハだって法人でもなんでもないけど、ここまで、何もなしにちゃんとやれてきた。委員だの講師だのやるようになったことよりさ、それだけは、自慢してもいいかなあと思うんよ」

それは、おばちゃんが絶えずサポートハウスの活動に心を砕いてきた結果だ。

サポハは365日24時間年中無休。おばちゃんは絶対に携帯を手放さない。そして、この場所に責任を持つために、いつ何が起きても対応できるように、海外はおろか、国内旅行にだって行かない。

ずっとここにいる。

「まあ、誰だって自分の子どもが具合悪かったら、旅行する気にならんでしょう。それと同じよ」

サポハの夕飯は毎日が宴会

サポートハウスには、いつも見えない温かい空気が流れている。それに魅きつけられるように、ここには毎夜いろいろな人たちが集まってくる。

新旧利用者の子どもたちとその家族はもちろん、友人知人、ボランティア、学生、子育て支援・福祉関係者、自治体職員などなど。障害のある人ない人も、病気を抱えている人も健康な人も、とにかく多様な人々がやってくる。ある人は手ぶらで、ある人は一升瓶を下げて、ある人はお菓子のお土産、ある人は自分の田舎の名産品をたずさえて。サポハの人たちが食べる1年分のお米を毎年安価で提供している人もいる。

誰もチャイムは鳴らさない。みんな勝手に、「こんにちはー」と入ってくる。

「よく来たねー。どうぞどうぞ、おいでおいで。さあここに座って」

おばちゃんは、誰が来ようとそう言ってすぐに歓迎してくれる。

そして毎晩のように、彼女の手料理を真ん中にした、大人も子どもも支援する人もされる人もごちゃまぜの、サポートハウスの宴会が始まるのだ。六畳二間をつなげた、決して広いとは言えない居間をいっぱいに使って、リサイクル屋から調達してきたテーブルをつなげて作った食卓に、みんなが肩を寄せ合って座る。食卓の上には、おばちゃんお手製の家庭料理がところ狭しと並ぶ。

メインの煮魚や肉料理、それにお浸し、漬物、煮物、サラダなどサポハの畑で採れた野菜の料理、それに子どもたちの好きな揚げ物や炒め物もある。おばちゃんの見た目に反して、その味はとても上品な美味しさだ。

「まずは食べること。とくに、うちに来る子たちはいろいろ抱えているからね、まずは食べることから始めるんや」

自分のお年玉を使ってカップラーメンを買い込み、それで命をつないでいた子どももいた。家庭の不安定さが影響してほとんど食事がとれなくなっていた子どもも。家族一緒に食事をとった経験すらない子もいる。だから笑顔で手料理を囲むことが、まず何よりの癒しであり、大事な生活経験なのだ。

遠慮して箸が伸びない人がいれば、「さあ、どんどん食べて！」と、有無を言わさず目の前に皿を並べるし、ほかの人のことを考えずに独り占めしようとする子がいれば、親の前でも容赦なく叱り飛ばす。

「うちはいろんな人が集まる混ぜご飯みたいなところや」

おばちゃんは、サポハの様子をよくそう表現する。

必ずいるのは、おばちゃん、おっちゃん、マサハル、スタッフの森さん、最近引き取った認知症の70代の叔母さん、そして今サポハのメンバーになっているマキとリク。マキは長年虐待を受けてきて、ＰＴＳＤと強迫性障害があり、病気の治療と社会復帰を目指す30代の人で、リクは家庭の事情により、親と一緒に暮らせず自立を目指す20代の人だ。スタッフの森さんは、作務衣と後ろでひとつに束ねた長髪がトレードマーク。彼のお手製の玄米おにぎりとハーブティは、おばちゃんの手料理と並んでサポハの名物である。

そこに、いつも来る常連さん、卒業したけど遊びに来る子、短期で来ている子、そのときどきのボランティアやお客さんなどが加わり、いろいろな味わいの「混ぜご飯」になる。

夕飯を食べに来た人からお金を受け取らないことは多い。たとえば、児童養護施設出身者で親が死んで実家もない、なんていう子がいれば「ご飯代を出せとは言えないよ」と、損得抜きで料理を振る舞ってしまうし、遠来から来た見学者などをもてなすときも、「わざわざ電車賃かけてきてくれたんだから」と、相手のふところを心配する。

「商売でやっているわけではないからな」というのが、おばちゃんのよく言うセリフだ。

サポハには、いろんな国の留学生も遊びに来る。留学生が来ると畑や日帰り温泉に連れて行き、その流れで夕食に招待し日本の家庭料理を振る舞う。留学生たちはそれらを堪能し、おっちゃんおすすめの焼酎を飲む。楽しい夕食の後は、なぜか必ずサポハメンバーと留学生の腕相撲大会が始まる。ときどき、酔って興がのったおっちゃんも、年齢を顧みずに参加する。

夕飯風景

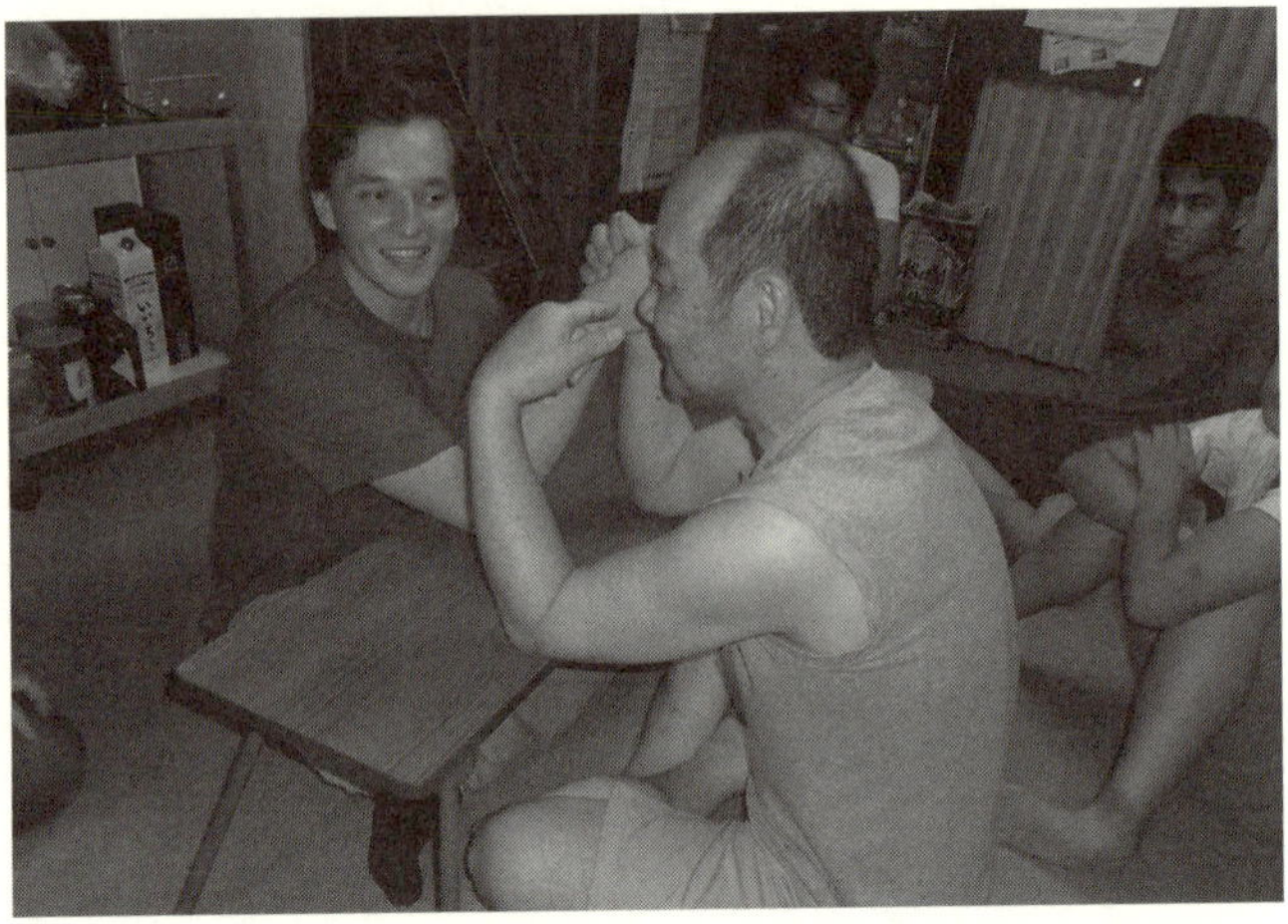

留学生とおっちゃん

留学生との交流の中で一番サポハらしいエピソードは、フランス人のウイリー君が来たときのことだ。ウイリー君は日本語が通じる。そこで、夕飯の席で、おばちゃんは悪びれもせずにウイリー君に尋ねた。

「フランスの子どもは、ちんちんのことなんて言う?」

ウイリー君は絶句し、しばらく答えに詰まった。戸惑い、赤面し、対応に困っているのだが、おばちゃんは容赦しない。

「日本では、子どもは、ちんちんとか、おちんちんとか、ちんぽことか言うよ!」とたたみかける。

そこで、仕方なくウイリー君が消え入るような声でつぶやくように、「ペニス」と答えると、おばちゃんは、「なんじゃい。普通だな」とにべもない。

後日、帰国したウイリー君から、「サポハに来れて、とても楽しかったです。山本さんに出会えてよかった。これからも、メールでやり取りしましょう」とメールが届いたという。

留学生がいてもいなくても、サポハの食事は毎夜こんな調子で笑いが絶えない。真面目な話をしたり、誰かの相談をみんなで真剣に考えることもあるが、たいていは、他愛のないことを言い合って、ふざけて騒いで楽しむだけ。サポハに集う人や子どもたちは、それぞれ厳しい状況を抱えているのだが、ここで過ごしているときは、いつも笑顔で明るい表情をしている。話の流れによっては、それぞれの持つ障害や病気が話題、というより槍玉にあげられることもある。

おばちゃんは、誰にでもはっきりとモノを言う。

時間に遅れがちな知的障害の子が、「あんたは明日はちゃんと遅刻しないで行くんか！」と釘を刺されたり、食欲をコントロールできない子が、「食べ過ぎや！　それ以上食べたら太ってしまうで！」と叱られたり。

思ったことを言うのは、おばちゃんだけではないし、矛先も、障害や病気の子ばかりではない。一所懸命〝支援〟しようとするボランティアが「そんなんせんでええ」と子どもたちからたしなめられたり、理論ばかり語る大人が、「そんなに頭でっかちに考えたらいかん」と知的障害の子に諭されたり、「サポハはすばらしい」と絶賛する新参者が、「1回見ただけではわからん。すばらしくないことも山ほどあるわい」と古株たちに一蹴されたり。

文章だけで読んでいるとドキドキしてしまうかもしれないが、そのすべてが大きな笑いの中にあるのが、サポートハウスだ。

障害があってもなくても、お互いを認め合い、思ったことをあけっぴろげに伝え合う。ここではそれが当たり前の風景なのだ。

「うちに来た子には、私は全部説明する。オマエはこれこれこういう障害を持っているって。自分が何者なのかってことを、明確に示すわけよ。そして、それをわからなくちゃだめなんだ、って。わかったうえで、それを受け入れて、どうやって生きていくか。それしかないんだよって。障害があろうとなかろうと、みんな最終的には自分で自分を生きていかなくちゃならないんだから」

障害があることはなにも恥ずかしいことじゃない。だから、避けたり隠したりする必要なんかない。むしろ、それを特別なことと考える方が失礼だ、とおばちゃんは思う。

「障害はその人の個性のひとつ。なかには、どうしようもないくらいに手がつけられない個性もあるけどね（笑）」

障害を個性ととらえる考え方の人の中には、障害診断名をつけることに抵抗がある人もいる。が、おばちゃんはむしろ診断名を積極的に受け入れる。障害を個性ととらえることと障害の診断を受け入れることは、矛盾しないと考えている。

「人間として生まれて来て、自分が何者かもわからないまま人生を終えるのはナンセンス。知らなければいい、知らなくてもいいことも、世の中にはたくさんあると思うけど、自分の良いところ、悪いところ、出来ること、出来ないこと、苦手なこと全部ひっくるめて自分。自分を知る。それが大事。そこからがスタート。障害をマイナスにとらえないで、そんな自分を受け入れて、それぞれの個性に合った生き方や人生を見つけて、自分の足でしっかりと歩いてもらいたい」

診断名は、自分の個性を知る手がかり。

自分が何者かわかって、自分の足で人生を歩く。それは、障害があろうとなかろうと、人が生きていく基本だ。ただ、思いのほか困難なことでもある。

だから、サポハがある。

「いつわりのないありのままの自分を受け入れるのは大変だと思うけど、一緒に寄り添い、ともに生きることでサポートできる。それも私の仕事のひとつだと思っているよ」

もし人生につまづいたり、困ったりしたときは、ここに、サポハに来ればいい。

おばちゃんが、だれでも分けへだてなく歓迎してくれる。

「ここに座って。とりあえずご飯でも食べて。話はそれからよ」

彼女は、きっとそう言うだろう。

おわりに

日常生活支援サポートハウスからのつながりメッセージ

サポートハウスの日常生活は今日も明日も、
これからもずーっと続く。いや、続いていく。
それは決して特別なものではない。
泣いて笑って怒って悩んで自分の力で日々を生き暮らす。
私の生が尽きるまで、ともに生きていく。

私たちの100人に5人はなんらかの障害を持っています。
障害者5人の父親、母親、きょうだい1人、祖父母。
これだけで100人のうち30人が、障害者とその家族です。
友人、知人まで合わせたら、
障害者と関係ない人は一体何人残るでしょうか。

高齢者も、子どもも、障害者も、
支援が必要な誰もが安心して生活することのできる「社会」を、
「他人事」ではなく「自分達のこと」として、ともに創っていきたいと思います。

日常生活支援サポートハウス　山本実千代
aiko124@io.ocn.ne.jp

楽しい時間もふんだんに

２０１７年春。

サポハにまた新しい拠点ができた。おばちゃんが農業応援団の「お父さん」と呼ぶ、子育て農業応援団の事務局長が退職金をはたいて購入した、金沢近郊の山の中の一軒家だ。

実はおばちゃんと事務局長は、応援団の拠点を数年前からずっと探していた。

おばちゃんは、（もちろんあてはないけれど）購入費用を負担するつもりだったが、事務局長は頑として受け付けず、土地建物の費用は彼が全額負担した。そこで、家具や日常のこまごまとしたものをおばちゃんが揃え、ふたりが共同運営するかたちで新しい拠点が始まった。おばちゃんの大好きな日帰り温泉もすぐそこにあり、応援団の畑もそばにある。

たくさんの人が泊まれる部屋数、大人数の料理が可能なキッチン、畑から帰ってすぐに入れる新しいお風呂など、念願の設備を備えており、サポハや応援団のメンバーだけでなく、親しいＮＰＯ法人の合宿などさまざまに利用されている。

「郷《さと》の家」と名付けたこの家の利用料は、サポハ同様1泊2食３０００円。それに加えて日帰り利用料３００円（お茶付き）という設定も決めたが、いずれにしても儲けはない。

「まあ、維持費が出ればいいと思っているからね」

相変わらずおばちゃんは商売っ気がない。

「２０１８年からは、ここでコミュニティカフェを営業するよ。週1回でいいから、畑で採れたものでご飯を作って、それをワンコイン（５００円）で出して、のんびりできて、相談もできてっていう、そんなカフェ」

自然に囲まれたこの場所で、おしゃべりしながら、おばちゃんの料理した畑の野菜でお昼ご飯。最高に贅沢な時間だ。もちろん、誰でも利用できる。月に1回は宿泊もできるようにするそうだ。

サポハのつらい現実をいろいろ書いたが、ここにはこんな楽しい時間もふんだんにあることを、最後に書き添えておきたい。

「日常生活支援サポートハウスの奇跡」ができるまで

「サポハのこと本にするっていうことはさ、私のことを書くっていうことだよねー？」

現れるなり、アリサはそう言った。

「うん、そうやー。あかんかー。えーやろ？」

おばちゃんが答える。

「そんなん、えーもなにも、私のこと書かんかったら、サポハのこと書けんでしょう」

「そーやー。アリサちゃんはサポハの象徴みたいなもんやからなー」

「わかってるよ。だからなんでも書けばいいでしょう」

ぶっきらぼうに会話を終えると、大好きなおっちゃんのいる部屋へと消えるアリサ。自分のプライベートを明かすことを、よく決意してくれたと思う。

おばちゃんが言う通り、アリサ抜きではサポハは語れない。それをわかって覚悟を決めてくれたことに深く感謝する。アリサだけではない。ノゾミ、リカ、マサハル、川口さんなどたくさんの人たちの協力がなければ、サポハを本にするという夢は実現しなかった。彼らに加えて、直接の面識が叶わなかった、おばちゃんの記憶の中の人々に対しても、この場を借りて深く感謝したい。

サポハとの出会いから10年。これ以上サポハを本にする約束を置きっぱなしにするわけにいかないと一念発起した私は、２０１４年からあらためておばちゃん（山本さん）やそのほかの人たちに取材を重ね、家族支援者と小学校教師をしながら、長期や週末の休みをほぼすべてつぎ込み、約４年がかりで原稿を書き上げた。

おばちゃんには、忙しい中何度も話を聞かせてもらったり、写真を提供してもらったり、細かいところで聞きそびれたことを頻繁にメールでお返事してもらったり、本当に全面的に協力していただいた。いや、協力という言葉は少し違うような気がする。そもそも、彼女がいなければこの本は生まれなかったのだから。

おばちゃんこと山本実千代さんは、支援者として憧れの存在だと、あらためて思う。

長い付き合いだったはずだが、何度も会って話を聞くうちに、後から後から私の知らなかったエピソードが語られ、それに伴って「支援とは何か」「障害とは何か」という本質に迫る宝石のような言葉がこぼれる。私はそれを一所懸命すくい取って文字にしたつもりだが、サポハのシビアな現実とそれを呑み込むなんとも温かい雰囲気、おばちゃんのすごさ、やさしさ、ユーモア、繊細さ、懐の深さ、そして息子への屈折した思いを、どこまで伝えられただろうか。

家族・子育て支援者は、「人格者」あるいは「良い親」と思われることが多いが、それは違う。私やおばちゃんを含めた支援者の多くは、自分の子育てに困難を感じるからこそ支援の道を選ぶ。自身の問題ではなく社会の側の理不尽に憤っている場合もあるが、いずれにしても「自分がこんなにしんどいのだから、ほかの人もきっと困っているはず」という思いに衝き動かされて、この道を志す。人格者だから、良い親だから、支援者になるということではないのだ。

子育てや家族支援に私生活をすべてなげうって献身的な実践をするおばちゃんでさえ、自分の子どもに悩み続ける。その矛盾こそが現実であり、その現実を抱えているからこそ、おばちゃんは筋金入りの支援者なのだ。

現実は一筋縄ではいかず、簡単にわりきれるものでもない。その混沌をそのまま受け止め、ともに生きる。

サポートハウスがやっていることは、実は、たったそれだけのことなのかもしれない。

本書を作るにあたって、ソーシャルワーカーの根本真紀さんには福祉的な視点から、フリーランスライターの島沢優子さんには執筆の基本や編集的な視点から、貴重なアドバイスをいただいた。おふたりには、つくづく感謝しかない。出版にあたっては、東京シューレ出版の小野利和さんにご尽力いただいた。

私の執筆時間を確保するため、会社勤めの傍ら、余暇を使って我家の家事雑事をすべて担ってくれた夫の協力も大きい。3人の子どもたちもよく手伝ってくれた。

なお、本書に登場する方々は一部仮名にさせていただきました。また文中の年令は2018年2月現在のものです。

ここにとくにお名前をあげなかった方も含め、この本作りに関わってくださったすべての方々に深く感謝します。

みなさん、本当にありがとうございました。

著　者　略　歴

林　真未（はやし　まみ）

1964年東京生まれ、立教大学卒。25歳のとき女子高生コンクリート詰殺人事件に衝撃を受け、犯罪予防の根源は人が幸福に育つことと家族支援者を志す。3人の子育てをしながら教育、心理、福祉を独学、39歳のとき通信教育でカナダ・ライアソン大学家族支援職資格課程を修了、日本人初のファミリーライフエデュケーターとなる。44歳で教員免許を取得、現在、公立小学校教員として勤務。子ども家庭支援センター、子育てひろば、小規模保育園などを運営する、ＮＰＯ法人「手をつなご」の理事でもある。

参　考

◆内閣府／2013, 2014年　各国の家族関係社会支出の対ＧＤＰ比の比較
◆厚生労働省／2008年　これからの地域福祉のあり方に関する研究会報告書 2016年「我が事・丸ごと」の地域づくりについて
◆浜中香織「「共に生きる」を探して一多様性を受け入れるサポートハウスの事例研究一」2008年度 金沢大学卒業論文
◆「子育て農業応援団」ブログ　http://kosodatenougyou.seesaa.net/
※難病で在宅ワークをしている人が制作している。
◆子育て農業応援団の唄　YouTubeで子育て農業応援団の唄を検索（川口健史チャンネル）

困ったらここへおいでよ。　日常生活支援サポートハウスの奇跡

発　行　日　2018年5月20日 初版発行
　　　　　　2019年3月20日 第2刷発行
著　　　者　林 真未
発　行　人　小野 利和
発　行　所　東京シューレ出版
〒136-0072
東京都江東区大島7-12-22-713
TEL／FAX　03-5875-4465
ホームページ　http//mediashure.com
E-mail　info@mediashure.com

装　　　丁　えびす堂グラフィックデザイン　藤森瑞樹
本文デザイン　髙橋貞恩
ＤＴＰ 制 作　イヌヲ企画
印刷／製本　モリモト印刷

定価はカバーに印刷してあります。
ISBN　978 - 4-903192-35 - 2　C0036
Printed in Japan